毎月7万円!

普通の人が副業で「占い師」になる法

占い師
西 彰子
Acco

同文舘出版

はじめに

占い師という素晴らしい職業

この本を手に取ってくださったあなたは、きっと、

「占いが好き」

「占いを自分でできるようになったらいいな」

「過去もしくは最近、人生のどん底を経験した」

「家族や友人、知人がとても悩んでいる」

といったことがあてはまる方だと思います。

周りの占い師さん仲間を見て思うのは、「人生のどん底を経験した」人が圧倒的に多いことです。

みなさん、占い師になりたいと思うくらい、何かにすがりたい、もしくは自分の何が悪いのか、
その原因を突き止めたいと思ったのではないでしょうか。

あるいは、こんな方もいらっしゃるかもしれません。

「占いが大好きで、雑誌を見るときはいつも、後ろのページにある星占いの運勢から見る！」

「何か迷ったことや悲しいことがあったときは、占いに行ってアドバイスを聞くようにしている」

「誰にも言えない悩みは占い師さんに聞いてもらって、今後の指針を教えてもらう」

私の占い師人生の始まり

私もかつて占い師になる前は、仕事でのストレスを抱え、結婚後の家庭と仕事の両立が上手くいきませんでした。当時の夫の借金の返済、子供が欲しいのにセックスレス……。いろいろなことが重なって病気になり、入院、手術。働けなくなって、8年半在籍した会社をやむなく退社、そして離婚……もう人生のどん底でした。

そのときに思ったのです。

私は、これからもこんな不幸な人生が続くのだろうか？

OL時代から私は星座占いが好きで、自動車販売会社の営業職をしていた当時、お客様にアンケートを書いていただくことがありました。アンケートには生年月日を書いてもらう欄がありま す。そこでお客様の星座を観て、対応するときの参考にしていました。そのおかげか、営業成績はよく、全国表彰を受けたこともあります。

そんな私が仕事も家庭もすべてを失ったとき、考えました。どうして私はこうなってしまったのか？　私のどういうところが悪くて、こういう結果になってしまったのか？

原因を追及したくなったのです。

いろいろな占いのサイトを見ました。いろいろな人に相談をしました。そして決心し、「私は占い師になりたい！」と周りに伝えました。すると3人の方から、「『個性心理學®』をまず学んでみたら？」と言われ、ネットで必死に探し、基礎講座を受けました。

そこから、私の占い師人生が始まりました。

占いを勉強していく中で、人は運気というものが生まれたときから決められていて、試練のときと幸福のときは必ずみんな平等にやってくるということを学んで、私のどん底人生の理由がわかり、感動したことを、今でも昨日のように覚えています。

占いを知って、人生の試練に備えることができれば、私のように絶望感を味わう人は減り、すべての人が大難を小難、小難を無難に変えることができるのです。

占い師はこれからの職業

占いを学ぶ場はたくさんあります。しかし、ほとんどの人は占いが好きで学んでも、周りの人を占ってあげるだけで終わり。なかなか「占い」を仕事として確立できません。「占い」を業として「お客様」からお金をいただくことができません。ボランティアで終わってしまっているのです。

人を無料で占ってあげるのは素晴らしいことかもしれませんが、これをずっと続けていくと、占う側はエネルギーを吸い取られ、体調を壊したり、精神的に疲弊することになります。なぜなら、エネルギー交換がきちんとなされないからです(このことについては後でくわしく述べます)。目に見えない力は本当にバカにしてはいけません。ペンを落とすと下に落ちるのと同じくらい当然に、占いの力は私たちのすべてを支配していると言っても過言ではありません。

占い師は平安時代には、貴族たち個人の吉凶を占うだけでなく、国の政治にも参画する公務員でした。それだけ占いは重要視されていたのです。

時をへて、ますますITやAIが発達する中、私たちはより精神性を重視する時代に入っていきます。するとどうなるかというと、精神的なケアをしてくれる心理カウンセラーや私たち占い師のような専門家の需要が高まっていくのです。

「精神的に幸福＝幸福」という考え方が当たり前になります。となると、占い、あるいは占い師はもっと全国に広まっていくべきです。

ただ、占い師になると覚悟を決めても、様々な問題が出てきます。お金の問題、はたしてお客様がつくのかどうか、自分まで病んでしまうことはないか……などなど。せっかく人にいいことをしても、こうしたことでつまずいたら悲しすぎます。

そのようなことにならないためにも、私の体験を踏まえて記した本書が、今から占い師になる方にとって指針になってくれるとうれしく思います。

占い師は、感謝されてお金をいただける、そして、いろいろな方の人に言えない人生を目の当たりにできる、本当に素晴らしい職業です。

ぜひあなたも、今日から私と一緒にハッピーな占い師になりましょう。

この本を手に取っていただき、誠にありがとうございます。最後までおつき合いいただければ幸いです。

２０２０年４月

西　彰子

毎月7万円！　普通の人が副業で「占い師」になる法◆目次

1
章

「資金ゼロ」「霊感ゼロ」でいつでも占い師になれる

2
章

そもそも占い師って？　変化する占い師の定義

3
章

占い師入門・自分に合った占術の見つけ方

4章

実践！ プロの占い師になるための7つのアクション

5章 リピーター続出！ 売らない占い師6つのメンタル術

6章 占い師になると直面する壁と乗り越え方

装丁・ＤＴＰ 春日井 恵実

1章

「資金ゼロ」「霊感ゼロ」でいつでも占い師になれる

1 これからは占い師の需要が上がる

占いは精神の「未病ビジネス」

「はじめに」でも少し書きましたが、多くの占い師の方は、きっかけとして何かしらの重い人生経験があり、占い師になりたいと思ったのだと思います。

「つらい経験をした」「家族が病気で他界し、心にぽっかり穴が開いてしまった」「夫婦関係が上手くいかず、離婚を経験した」……いろいろあるかと思います。

当時は苦しかったでしょうが、占い師は、つらい経験をしたほうがいい占い師になれます。なぜなら、人の悩みや心の痛みがわかるからです。人はなかなか、自分が経験していないことに心から共感することはできません。

そしてお客様も、自分の悩みを親身になって聞いてくれる占い師にとても親近感を覚え、この人なら何でも話せる、と深い信頼関係を築くことができます。

また、「占い師って、霊感がないとなれないんじゃない？」と誤解している人がいますが、占い師になるために特別な能力はいりません。そして、家にいながらでも自分の都合に合わせて仕事ができます。

占いについて学んで、それに今までのあなたの人生経験を色づけしてあげたら、それで立派な占い師です。

占い師は一度、知識を習得したら、それ以上費用はかかりません。占えば占うほど実力は向上し、お客様もついてきます。定年もなく、若くないと売れないビジネスとは正反対で、年を取ればば取るほど売上げが上がるすごい職業です。

人は、誰でも人知れず、悩みを持っています。しかし、誰にも言えない悩みをどこにぶつけたらいいのか？

病院の精神科に行くのは診断の結果が怖い。自分でもどうしたらいいかわからない、解決できない悩みをどうするか……。

そんなとき、誰にアドバイスをもらいたいか？　そう、占い師です。

今はＩＴ技術が発達していて、占い師へのハードルがかなり下がっています。情報もネットでたくさん拾えますし、「占い＝怪しい」というイメージはなくなってきています。

最近は、昔では考えられなかった量の占い師の求人情報を目にします。そのくらい多くの人が占いを求めているのです。

おそらく昔は、多くの悩みは両親、兄弟・姉妹、友だちや近所の人などに打ち明けて解決していたでしょう。しかし、ここ30年くらいで家族間の関係も希薄になりました。

家族にも自分の悩みを話せない。両親は仕事や家事に追われて余裕がない。ご近所さんなんて、隣でもどんな人が住んでいるのかわからない。友だちに相談するのも、他の人に自分の秘密を話されるのが怖い。

こういった時代の流れで、多くの人は誰にも言えない悩みを占い師にぶつけるのです。

占いは、**精神的な病気を防ぐ「未病ビジネス」**です。そう、占い師はただ相談ごとを聞くだけの人ではない、すごいミッションを持った職業なのです。

占いの可能性はこんなに広い

また、占いを求めるお客様には、こんな人もいます。

「もっと自分を高めたい、運がいい人になりたい」

「せっかく高いものを買うのなら、自分の運気を上げてくれる色を選びたい」

「今日、気をつけることって何かな?」

など、自分を高めるために占いを活用する人です。私のお客様はこういうタイプの人が7割を占めます。

悩みを抱えてどうしようもないという人ではなく、今よりもっとよくなりたいと将来への希望と期待を持った人たち。こういう人たちと関わることにより、私自身とても刺激を受けますし、気持ちも高まります。

悩みを抱えた人のマイナスエネルギーをもらうばかりが占い師ではないのです。私事ですが、実は今の再婚した主人は、私が本屋さんで毎週木曜日に占い師として座っているときにやってきた初代リピーター客です。こんな素敵な出会いもあるのです。

占いを活用して、いろいろなビジネスに応用したり、売上げの向上や、社員の人間関係改善に役立たせることもできます。

占いの語源は「裏成り」です。つまり、表には出てこない本質です。人には話さない、表に出さない部分を占いで観ることができるのです。これがビジネスにも活用できます。素晴らしいと思いませんか?

占い師はこんなに素晴らしい職業ですから、これからますます精神性が重視される時代には、大注目の職業になるでしょう。

2 占いの市場規模はこんなに大きい

ホテル業界と肩を並べる

あなたは、占い業界でどのくらいのお金が動いているかご存じですか？

占いは、あまり表立っては取り沙汰されない業界ですが、表に見えない「陰」の部分での市場規模が大きい産業なのです。

ここで少しだけ、「陰と陽」についてお話ししましょう。

陽は男性、陰は女性。陽は昼、陰は夜……。この世の万物は陰と陽に区別されます。その中で糸を引いているのが、表から見えない「陰」なのです。

男性と女性の本質を見てもわかるように、女性のほうが圧倒的に精神的にも強いし、何より子を授かるという0から1をつくることができます。

そう、この世に新しい命を生み出せるのが女性なのです。

「陰と陽」のこじつけのようですが、つまり占い業界は陰の産業であまり表には出てこないけれど、裏ではすごく栄えているということです。

ちょっと前置きが長くなりましたが、占い業界の市場規模を金額で言うと、何と「総額1兆円！」なのです。

ピンとこない人もいるかもしれませんので、他の産業と比べてみましょう。

・ネットオークション業界（９１７０億円）
・学習塾・予備校業界（９５７０億円）
・宝飾品・小売業界（９６９１億円）
・医薬部外品（１・１兆円）
・ホテル業界（１・３兆円）
・スマートフォン・タブレットのケース業界（８０２億円）
・クラウドファンディング業界（４７８億円）

つまり、医薬部外品やホテル業界とほぼ同じくらいのお金が動いているということです。

ちなみに私は、占い業界はもっと大きな売上げがあると思っています。表には出てこない、闇で営業している占い師も多いからです。それを含めると1・5兆円くらいの市場規模にはなるかと思います。

そして占い業界の売上げは、年々右肩上がりなのです。

「新型コロナウイルス」「リーマンショック」「東日本大震災」「高齢化社会」「終身雇用制度の崩壊」「消費税増税」「AIの発達により職が失われる人々」「結婚率が下がり、お一人様の増加により寂しい症候群が多発」……。

先行きが不安になり、今後は「幸せ格差」というものが出てくるでしょう。

今までは病死で一生を終える人が大多数でしたが、今後は精神的な病や孤独死、自殺が病死を超えると予想されます。

今は「まったく違う時代」に入った

昔と今では、生きていく上での価値観が変わってきています。

昔は、大きな企業に勤めて定年まで働けば、年功序列で給料も上がり続け、退職金もいい金額をもらえ、定年後は年金で一生お金に困らず生きていけた。

そして、何でも持つことがステータスでした。家はマイホームを建てるか分譲マンションを購入し、いい車を持つようなことがステータスであり、当たり前の価値観でした。

しかし、これはもう10～30年前の話です。では、今はどうなっているのでしょうか？

2017年ころからは、シンギュラーという流れが始まっています。

シンギュラーとは、「レギュラー（普通）・イレギュラー（普通じゃない）」に対して、「まったく違う」という意味です。これはどういうことかと言うと、「今までの当たり前が当たり前じゃない時代」に入ったのです。

初めて勤めた会社でずっと定年まで働く人はほとんどいませんし、びっくりするような大企業でも経営難になり、大量の早期退職者を募ったり、潰れることも珍しくなくなりました。

2019年4月からの「働き方改革」では、残業代さえ懸念されています。

年功序列が今では能力主義になり、持ち家を持っていても不動産価格は2020年をピークに下がることが予測されています。

占いは時代の流れにリンクしている

今からは「シェア」の時代です。

民泊では、Airbnb（エアビーアンドビー）やOYO（オヨ）といった家具付き賃貸物件が流行ってきています。

車もカーシェアリングがどんどん拡大していて、トヨタでも月額制のサブスクリプションというサービスを始め、安価に車を借りられます。

タクシーも、Uber（ウーバー）などの「配車サービス」アプリで迅速に利用でき、ＡＩ機能を付帯した自動運転の動くコンビニといったものも出てくるでしょう。

しかし、こういう時代の大転換期に遭遇していても、人間は〝変わる〟のが嫌いな生きものです。時代の変化についていけずに、心を病んでしまう人が増えてしまうのです。

占いと世の中の動きや経済とはリンクしています。占い師は、時代の流れの中で不安を抱える人たちの救世主として、これからどんどん活躍していくでしょう。

3 私が占い師を選んだ理由

ボロボロになってしまった……

ちょっとだけ私の経験を織り交ぜながら、話をさせてください。

私は占い師になって、まだ5年くらいしかたっていません。

「はじめに」でも触れましたが、私は新卒で自動車販売会社に入り、営業職をしていました。

もともと人と話すことが好きで、立ちっぱなし、座りっぱなしが苦手な性分のため、営業の仕事はとても好きでした。

仕事のノルマもさほど苦になりませんでした。人間には目標指向型と状況対応型の2つのタイプがあるそうで、私は目標指向型だったので、ノルマがあったほうが頑張れるからです。

そして、後で占いを通じてわかったことなのですが、車は私と相性がよく、女性の営業職だったのにもかかわらず、全国表彰を受けるほど、実績をあげることができました。

自動車販売会社での8年半、順調に思えた営業ウーマン時代でしたが、結婚をして運命が変わりました。3つ年上の先輩営業マンと社内恋愛で結婚したのですが、同じ店舗に夫婦一緒に勤務はできないという理由で夫が残り、私はそれまで積み上げてきたお客様を全部夫に渡し、別の店舗に異動することになりました。

こんなことを書くと批判を受けるかもしれませんが、私は夫より営業成績がよかったのです。そんな夫は、上司から「嫁さんのほうが売って悔しくないのか？」と、今ではパワハラになるようなつらいことをよく言われたようです。

そんな夫は、妻からお客様リストをもらったことで、もっと売らなければとプレッシャーを感じ、日々ストレスと戦っていたのです。

そのころから夫は、私の知らないところで借金をして、自分のポケットマネーから値引きを補填することで安くお客様に売り、販売台数を上げるということをしていたのです。

後に夫の借金が発覚し、私は絶望したのですが、これは私にも原因があると思い、借金を一緒に返す決意をしました。

ただただ働いて、借金を返す毎日。そして、私は子供をつくりたかったのですが、セックスレスでパートナーから女性として見てもらえない悲しさもあり、ホルモンバランスが乱れてしまいました。そして婦人科系の病気になり、入院、手術。体が思うように動かなくなり、退職を余儀なくされ、借金も返せないということで、結局、離婚にいたりました。

心も体もボロボロな自分……。

占いで食べていこうと決めた

私はなぜ、こんなにも不幸なのだろうかという絶望の淵に立たされたときに、不幸になった原因を知りたくなり、占いに行きました。さらに本を買ったり、図書館に通いつめたりして、占いにハマったのです。

すると、そのときの運勢がパズルように当時の私の状況にぴったりあてはまり、はっきりと原因がわかったのです。

営業ウーマン時代の過労のせいか、私は体が強くなく、すぐに疲れてしまうので肉体労働はできませんし、長時間労働もできません。

会社を辞めてからは、セラピストになろうとエステの学校に行き、アロマの資格も取って1年間だけアルバイトをしたのですが、この仕事を年を取ってもできるかと考えると、自信が持てませんでした。

そこで、少しずつ勉強してきた占いで食べていこうと決めたのです。

私の一番最初の占いの仕入れは「個性心理學®(動物キャラ占い)」で、プロの資格を取りました。

勉強はとてもわかりやすくて楽しいものでした。「個性心理學®」は、素人でも1日で学べるシステムがあって、占い好きの仲間もできます。そして一度覚えてしまえば、あとは費用もかかりません。

前にも書いたように、今は再婚もしました。主人は私が占い師として、本屋さんで間借りをして占いを始めたときに出会った人です。この主人も占いで相性も観て、選びました。

今の生活が楽しくて幸せなのは占いのおかげです。好きなことを仕事にできて、そして占いで人生を変えてもらったのです。

この本を読んでいるあなたは、かつての私と同じようなつらい経験をしたり、あるいは今しているようなことはないでしょうか?

占いは「裏成り」です。ものごとの裏の成り立ち。表からはわからないものごとの本質です。占いができることで、人生、自分の思いどおりに進んでいけるのです。

4 そんなにむずかしくない？占い師になるまでの準備と期間

「占い師って、霊感がないとなれないんじゃない？」とよく言われますが、そんなことはありません。占いはきちんと勉強をすれば、**誰でも占い師になれる学問**なのです。

特別な能力がなくても、今までの人生経験を踏まえて感覚を磨いていけば、誰でも立派な占い師になれます。

私はまだ、占い師になって5年ほどです。しかし、営業ウーマン時代の4分の1の労働時間で、当時以上の収入を得られるようになりました。そして、様々な職種やいろいろな経歴を持った方たちと幅広い人脈が築けています。

占い師が何よりも素敵なのは、誰にも束縛されることなく、時間もお金も自由に、自分で選んで使えることです。

私も脱サラをしてから占い師になるまで、何をすればいいか模索しながら進む道を開拓してきました。でもやり方さえ知っていれば、早ければ3ヵ月くらいでデビューできます。

これからそのノウハウをお伝えしていきます。

まず、どんな準備が必要か、まとめておきましょう。

①お客として占いに行って体験してみる

まずは先輩占い師がどうやって鑑定をしているのか、肌で感じることが大事です。

ここで、いい占い師とそうではない占い師を見極めましょう。

「気分が晴れた」「的確なアドバイスが受けられた」「明日から頑張ろうという気持ちになった」といった希望を与えてくれるのがいい占い師。

その逆で、「お客様の話を聞かず、一方的に説教しているように話す」「ぜんぜん当たっていなかった」「鑑定後、不安になった。行かないほうがよかった」と思わせるのが、上手ではない占い師です。

上手ではない占い師は、反面教師として自分はそうならないようにしましょう。

②図書館などで本を読んで占いの勉強をする

占い師を目指す第1ステップとして、まずはお金をかけずに、「占いとはどんなものか?」ということを本で読んで勉強しましょう。

図書館の占いコーナーに行き、興味のある本から手に取ってみましょう。**占術（せんじゅつ：**

占いの種類）に関する本は、例えば、「個性心理學®（動物キャラ占い）」「西洋占星術（星座占い）」「四柱推命（しちゅうすいめい）」「九星気学（きゅうせいきがく）」「タロットの読み方」「手相の見方」など、種類が増えてきています。

地域の図書館でもいいのですが、穴場は大学の図書館です。様々な利用手続きがあるかもしれませんが、有効に活用してみてください。蔵書をネットで事前に調べて行くと効率的です。私は今でも大学の図書館をよく利用しています。

③ネットで占いの記事や動画を調べる

こちらも無料で見放題です。

「占い」と検索するだけで様々な関連動画が出てきます。自分が好きな占術があれば、それをピンポイントで検索すると、その占術について知ることができます。

ブログはもちろんのこと、今はYouTubeでもたくさんの占い師の方が配信されています。

YouTubeでは、上のほうに出てくるのはタロット占いが多いですね。

何度も反復して見てみましょう。それぞれの占い師の方の特色が出ていて、言い方なども参考になります。

④雑誌の占いコーナーをすべてチェック

図書館の雑誌コーナーなら、無料で雑誌が読み放題です。

また定額で雑誌読み放題のサービス（楽天マガジン、dマガジン）などもあるので、仕入れや学びのために契約するのもいいですね。

多くの女性ファッション誌には占いのページがあるので、チェックすると自分に合う占いや好きな先生を見つけるのに役立ちます。

⑤SNS・ブログで発信

ＳＮＳには様々な媒体があり、新しいものもたくさん出てきています。無料でアップロードできるので、大きな媒体には登録しておくといいでしょう。

⑥自分の名刺をつくる

名刺の作成サービスをしている会社もたくさんあります。自分でデザインして、ネットで印刷会社を使うと１００枚５００円くらいでつくれます。

イベントに出店するときや、様々な出会いの場に顔を出すときには、自分がどんな占いをするのかをアピールしましょう。後々、またイベントのお誘いなどに呼んでもらうためにも、たくさんの人と名刺交換をしてください。

名刺には自分のＳＮＳやメルマガ、LINE公式アカウントなどのＱＲコードを表記して、「フォローしてくださったら無料で占います」と書いて口頭で伝えると、ほとんどの人がフォローしてくれます。

⑦イベントに出店するための人脈づくり

⑤⑥の準備をしたら、名刺を持ってたくさんの人に会いましょう！

例えば、「Facebookグループ」には、イベント出店コミュニティなどもあります。そうしたところで、ぜひ出店させてくださいと自分を売り込むのもいいでしょう。

また、教えたい人と学びたい人をリアルにつなぐ学びのマーケット「ココナラ」や「ストアカ」、占い教室のコミュニティなどもあるので、ネットで調べてみてください。

しかし、ここで注意したいことがあります。異業種交流会には、高額な会費を取ってしがらみから抜けられなくなるようなサークルもあります。ネットワークビジネスの勧誘や、投資の怪しい案件に誘ってくる人もいます。

こうしたちょっとうさんくさいビジネスに私も一度騙されたことあるので、ぜひ気をつけるようにアドバイスしておきます。

⑧占い師になりたいことをたくさんの人にアピールする

人とのつながりができたら、まめに連絡を取り、あなたが勉強した知識をアピールして、占い師になりたいことを広めていきましょう。

⑨無料でたくさん検証する

イベントに出店する際のポイントは、まず主催者やスタッフの方、そして人脈が広そうな人を無料で占ってあげることです。人は何かしてもらうと、お返しをしなければという心理が働きます。与えても返さない人は、そもそもつき合うべき人ではないという判断もできるので、そこも人を見極めるポイントになります。

5 占いは自分も相手も幸せになれる最高の仕事

占いという仕事に不安を持つ必要はありません

この本を読んでいる人の中には、こんな不安を持っている人もいるかもしれません。

「大した人生経験もないのに、他人のことを占うなんて自信がない……」

私も最初、占いを勉強しだしたばかりのころはそうでした。「人の人生を決めるかもしれない大事な占いの責任なんて取れない」。そう思っていました。

でも大丈夫です。「占いの原則」にしたがえばいいだけです。

人生経験が必要ならば、占い師は老人しかなれないということになります。でも、そうではありませんよね？　人ぞれぞれの価値観や経験値、学んだ占いの知識をちゃんとお伝えすれば大丈夫です。

そもそもお客様は、占い師を「先生」という目線で見ています。お客様の年齢層も、その占い師に似た年ごろのお客様が来ます。これも引き寄せです。なので心配はいりません。むしろ、どんなお客様が来るか楽しみにして欲しいくらいです。

まず最初に、**占いは間違いなく、自分の人生を幸せにしてくれる**という自覚が大事です。というか、幸せにならなければいけないのです。

過去にたくさんつらい経験をしたから今の自分がある。そして占いを通して今、自分は幸せだということは、お客様の信頼にもつながります。心理学的にも、人は「幸せな人を信用する」というデータがあるそうです。

私、大丈夫かな？　と不安に思う人もいるかもしれませんが、大丈夫です。心配ご無用です。

まずは占いで自分が幸せになる

占いを習い始めれば、確実に幸せになれます。幸せになれないとしたら、学習の仕方が間違っているか、雑念が入り、忠実に占いを実行していないのかもしれません。

占いを習い始めると、まず自分のことがよくわかるようになります。そして運気がわかり、自分の気分の浮き沈みも手に取るようにわかります。運気はとても大事です。運気を知っているのと知らないのとでは、目的地まで徒歩で行くのか車で行くのか、くらいの差が出ます。

運気を知っていれば、自分がイライラしやすい時期もわかりますし、絶好調の日もわかります。そのタイミングに合わせて行動するだけで、本当にストレスが減ります。

そして次に、他人や家族、友人・知人の性格がわかるようになるので、コミュニケーションがびっくりするほどスムーズに取れるようになります。

人にモテるようにもなるので、ピンチのときには周りの人が助けてくれたり、いい情報をくれたり、いい人を紹介してくれるようにもなります。

私の周りの占い師さんはみんな、幸せな人ばかりです。まずは自分を幸せにしてあげてください。人を幸せにするのはそのあとです。

なぜなら、占い師のところには様々な悩みを抱えた人が相談にやってくるので、自分に幸せという余裕がないと、自分まで病んでくるからです。なので占い師になったら、エネルギーが不足しているなと思う日は鑑定をしないことをおすすめします。

コンディションがあまりよくないときに鑑定をすると、それが鑑定の雰囲気にも出ます。やや攻撃的なアドバイスになったり、厳しくなってしまいがちです。そうするとお客様は、二度と鑑定を受けたくないと思うでしょう。

自分が幸せだなと感じて余裕を持てるようになったら、今度はいろいろな人の悩みを聞いてあげて、癒して欲しいのです。

私の占いを聞いたお客様はみんな、口をそろえて「心が楽になった！」と言ってくださいます。

いい占い師と悪い占い師の違いは、

- **悩みをよく聞いてくれること**
- **共感してくれること**
- **改善方法を教えてくれること**

この3つのことを実践しているかどうかです。

一方、私たち占い師も、お客様に励まされることがたくさんあります。

お客様の中には想像を絶するような経験をされたり、恋愛で深刻に悩んでいる方がたくさんいらっしゃいます。そういったお客様が自ら悩みを打ち明けてくれる存在だというだけでも、占い師は貴重な職業です。

人に安心や希望、喜びを与えることで、自分ももっと幸せになれるのです。

6 占いを仕事に活用して本業の収入や成績を上げることもできる

ビジネスに活かす占い

私の周りの人たちやお客様の中には、本業に占いの要素を織り交ぜて仕事の成績を格段に上げている人がたくさんいます。

例えば、営業職でお客様の生年月日を知ることができれば、お客様の性格がわかるので、コミュニケーションもスムーズになります。そして運気によって、お客様が契約しやすい日、自分の仕事が上手くいきやすい日に商談を入れることによって、成約率は3倍にも上がります。これに吉方位（運気が上がる方角）を加えると最強です。

ラッキーカラーがわかれば、ネイルやお花、アクセサリーなどを扱っているお店であれば、その情報を取り入れることで売上げは一気に上がるでしょう。ラッキーフードがわかれば、カフェやレストラン、バーなどではメニューに希少価値がついてきます。

こういった形で占いはすべてのビジネスに活用できます。

そこで私たち占い師は、様々な異職種の方とコラボイベントや監修ができます。アイデアしだいで無限に広がる商品群をつくったり、イベントを開催できます。

例えば、今まで私が手がけた占いを取り入れたビジネスには、こんなものがあります。

・**占い合コン**（占いを使って相性のいい人を知り、初対面でも話に困らないような話題を提供）
・**開運手帳講座**（運気がわかる手帳を使って、運気の見方を教える講座）
・**ラッキーカラーアクセサリーの監修**（アクセサリー作家と組んで、お客様の生年月日をお聞きし、一生使えるラッキーカラーのピアスを期間限定で提供）
・**ラッキーカラージェルネイルの監修**（ネイルは毎月変えるものなので、毎月のラッキーカラーを監修して、リピート客を確保）
・カフェや本屋さんでの**イベント占い師**
・**企業コンサルティング**（職場の人間関係や部下の扱い方、運気による仕事のスケジューリング、出張時の吉方位や出発日などをアドバイス）

占いはビジネスの最強メソッド

「え？　企業コンサルティングで占いを頼む人なんかいるの？」

と思う人もいるかもしれませんが、とても喜ばれるのです。何より経営者の方は孤独で、日々悩んでいる人も多いのです。占いは統計学に基づいたアドバイスなので、ちゃんと経営者の方は理解してくださいます。

しかし、信用していただくまでの努力は必要です。この件については5章でくわしく書きます。

コラボビジネスの利点は、自分も他業種の知識を得ることで勉強になりますし、何よりインフルエンサーが増えることです。一度仕事を一緒にすると、自分の人柄や信念もわかってもらえますし、占いに興味を持って、コラボした方がお客様になってくださることもあります。さらにお客様を紹介してくださることもよくあります。

私が占い師をしていて本当によく思うことは、**「縁は人が運んでくる」**ということです。ですから占い師だからといって、家に引きこもって外での活動をしないのはもったいありません。いろいろな人と関わっていろいろなご縁をいただくことで、たくさんの人に貢献できますし、何より、人の役に立てている充実感を得られます。

そのためには、様々な職種の人と人脈をつくることが大事になってきます。「では、どうやってその人脈をつくるの？」と思われるかもしれませんが、それは得意の占いで攻略できます。占いを学べばコミュニケーションスキルは格段に上がりますし、相手が何を考えているのかもわかります。占いはビジネスの最強メソッドなのです。

2章

そもそも占い師って？
変化する占い師の定義

1 今と昔では占い師の定義が変わってきている

占いは現代でも大きな判断を担っている

あなたは「占い師」と聞くと、どんなイメージを持ちますか?

・霊感がないとできない
・特殊な能力がないとできない
・ちょっと怪しい人がしている

「騙されそう」といったイメージを持っている人もいるかもしれません。

もしあなたがこのようなイメージを抱いていても、まったくの間違いではありません。かく言う私自身も、以前はそういったイメージで「占い師」を見ていたときがあったからです。

一方、「公務員」と聞くとどうでしょうか? 占い師とは真逆のイメージを抱くかもしれません。

しかし実は、前述したように占い師が公務員だった時代もあったのです。

ちなみにですが、私がこの本を書いている2019年に「平成」から「令和」へと新しい時代に引き継がれました。2019年を**九星気学風水**で読み解くと、八白土星中宮《はっぱくどせいちゅうぐう》と呼ばれる星回りにあたります。八白土星中宮の年は「受け継ぐ、相続、大変革」が重要なテーマになります。

さて、ちょっと考えてみてください。2019年、八白土星中宮の年に平成から令和に年号が変わったのは偶然でしょうか? 偶然ではないのではないでしょうか。

皇室、政府も皇位の継承をつつがなく行なう上で最適なのは、八白土星中宮の年であると判断したと考えるのが自然でしょう。

このように現在ですら、政治、皇室行事といった大きな判断においては占いが関係していると考えられるわけです。古く平安時代には占い師は国家の運営を担っていました。現在でも表だってではないものの、裏で担っているのは占いなのです。

ですが、もしかするとあなたの周りにはこう言う人もいるかもしれません。

「占いって根拠なくやっているんじゃないの?」

こういう疑問を持つのももっともです。ですが、これについてはどうしても知っていただきたい事実があります。**占いは高度な学問である**ということです。占い師が使っている占いは科学に近いものと考えていいくらい精度の高いものなのです。占いを裏づけているのは統計学や天文学です。そして、何千年という時の試練を乗り越えて現代に伝わっているのです。

太陽が西から昇らないように、四季が戻ったりしないように、私たちは逆らうことのできない大きな流れの中にいます。この大きな流れを知っているのと知らないのとでは人生に大きな差ができてしまう、ということはおわかりいただけるのではないでしょうか。

古来から王様や貴族といった社会の支配階層にいた人たちは、脈々とこうした知識を受け継ぎ、そして活用することによって富や権力など繁栄を思うがままにしてきたのです。

現代の様々な新しい占いの背景

さて、あなたは今、いろいろ新しい占いを目にしているのではないでしょうか。でも実は、こうした占いの多くは過去の占いを現代の人にわかりやすくしているものなのです。

例えば、「(私が専門としている) **個性心理學**®(動物キャラ占い)」は、**四柱推命**、**算命学**(**さんめいがく**)、**宿曜経**(**すくようきょう・しゅくようぎょう**)といった古代中国で使われていた占いをベースにしたものです。しかし、古代の素晴らしい占いの知識や知恵も、古典のままの言葉や解釈では私たち現代人にとっては非常に難解です。個性心理學®の画期的な点は、そうした内容を私たちがよく知る動物の生態にあてはめて再編集したことなのです。こうした温故知新の考え方で、個性心理學®は全国、そして海外にも広まっているのです。

このようにはるか昔に成立した知識や知恵の集大成である占いが、現代の私たちにも使いやすい新しい占いになって登場してきているわけです。かつては王様や貴族といった支配階層にいた人たちが独占していた知識や知恵を、今では私たちも容易に利用できるようになったのです。

古来の占いの現代的なアレンジで、様々な新しい占いが生まれていることはご理解いただけたかと思います。お店で服やアクセサリーを選ぶように、多くの人が占いを日常の決断や選択の場で広く活用されているのを、私も現場感覚としてとても感じています。

私自身も決断や選択が必要なときには、占いを活用しています。先ほどの個性心理學®とは別に、私は「**九星気学風水**」「**易（えき）**」という占いについても専門にしています。この易を使えば、どうしても迷いが生じるような場面であっても、ひとつの答えを指し示してくれます。

例えば、ラッキーカラーで毎日の洋服を選び、何か物を買ったり、友人・知人と食事に行く日取りやエステや美容室といった自分を磨くことについても、運気を活用することによって最適なタイミングを調べることができます。その結果、もっともよい気（エネルギー）を得ることができるのです。

そして、こちらは楽しくもあり、怖い点でもありますが、気になる有名人を調べると、その人の個性や運気、今後の活躍についてもわかってしまいます。

占いのエンターテインメントとしての側面

私たちは毎日毎日、多くの決断や選択をしています。しかし、どんな些細な決断や選択でも、後に大きな結果に結びつくことがあるのは、あなたも経験しているのではないでしょうか。ですから、私たちの生活に占いは必要不可欠なのです。

この**毎日の決断や選択を次々と最高のものに変えられる**とすれば、どんどん思ったとおりの人生を手に入れられるようになる、ということはおわかりになるでしょう。

具体的に言えば、恋愛であれば意中の相手を振り向かせることができ、愛されて、幸せで人生を満たすことができます。一流の本物と呼ばれるような人とともに自分も成長していきたいと思えば、そのような人を紹介してもらえるようになるでしょう。この本を読んでいる勉強熱心なあなたなら、こうした人生の素晴らしい変化をしだいに実感できるようになるでしょう。

現代ではスマートフォンで「占い」をインストールできます。音楽を聞くように占いを気軽に利用できる時代になっているのです。こうした、占いをエンターテインメントとして楽しむ流れは加速度的に進むはずで、占い師を目指すあなたは、このような世の中の流れを頭に入れておくべきです。

もちろん占いの本来は、人の悩みを楽にしたり、人の心に寄り添うということに変わりはありません。しかし占い師が時代の変化に対応していくためには、「お客様となる人たちは占いのエンターテインメント的な側面に慣れ親しんでいる」ということも理解しておくべきでしょう。

2 占いは5000年の蓄積がある学問です

「原因と結果」についての学問

さて、ここまでお話ししてきたことで、占いは現代においてもとても有効であり、今後はさらに重要視されていくことが、おわかりいただけたのではないでしょうか。そして、占いの必要性を感じとっているからこそ、あなたは本書を通じて占いを学ぼうとしているのかもしれません。

そこで、これだけは心に留めておいて欲しいことがあります。それは先ほども言いましたが、「**占いは学問である**」ということです。

占いも、学校教育のように適切なカリキュラムのもとに学んでいくことが大事です。しかも、私たちが学校で習う科学的な知識は400年ほどの歴史しかありませんが、占いで培われた知識は5000年以上の蓄積があるのです。

「**あらゆる現象には原因と結果がある**」

お釈迦さまは、「因果」としてこの真理を明確化しました。イエス・キリストは『新約聖書』

の中で「毒麦のたとえ」を用いて、原因と結果について説いています。
同様に占いも、原因と結果について膨大なデータに基づいて予測する学問なのです。

現在、よく知られている「占い」と言えば、毎日テレビで流されている星占いだったり、占い師がタロットで恋人や夫婦の相性を占ったりと、娯楽的な側面が強いのですが、占いの起源は、そうではないところから来ているのです。

かつて占い師が占っていたのは、その人の生死から国家の存亡に関わるものまで重要なものでした。人や国の今後の設計図であったり、航海図となるものを先人たちは命がけで占っていたわけです。

そのような重要なことを占うわけですから、占い師たちがあてずっぽうでものごとを決めていたわけがありません(そんな重要な占いを外せば、殺されてしまう危険性もあったわけですから)。先人たちは何億人ものデータを緻密に計算して、占いを妥当性があるものにしたのです。

つまり、占いとは何億もの人の運気の流れを計算した統計学だと言えるでしょう。そこには、5000年前からの学者たちの英知が詰まっているのです。ですから、「占いには何の根拠もない」と言う人がいたら、占いの本質をやんわり教えてあげてください。

「先人たちの成功や失敗を知らずして今後の人生を生きることこそ、いかに合理的でないこと

か」と。

とくに**命術**（生年月日で占う方法）と呼ばれる占いは、占いに対して疑いを持っている人が信じている科学よりも、ずっと長い年月の試練をくぐり抜けて残っているものです。

ですから、占いを信じていない人は、その膨大なデータを知らずして、一回きりの人生を生きようとしているわけですね。どちらが損失で悲劇かは明らかでしょう。

様々なデータから因果関係を突き止める

また占いは、投資の世界とも共通点があります。それは「あるものごとの原因と結果を読み解いて、それを予言化する」ということです。

投資の世界では、毎日のニュースや世界情勢、日本の景気動向、政治の動き、天災等によって様々な銘柄の値動きがあります。

何にでも興味を持つ私は、投資スクールに通っていたとき、「これは占いと同じだ！」と思いました。占いも、その人に今起こっている事柄を、その人の運勢や性格、環境、さらに風水、前回の引っ越しの方位等から読み解き、因果関係を突き止めていきます。ですから、たくさんのデータや引き出しがあったほうが的中率が上がります。

後述しますが、占いには**命・卜・相**（**めい・ぼく・そう**）というものがあります。占いはそのひとつだけが専門では精度が落ちてしまいます。というのも、ひとつの専門だけでは観方が甘くなり、結果として単なる娯楽で終わってしまうからです。

占いのよいところは原因を特定し、改善方法を提示してくれるところです。「これからどうすれば人生が好転するか」を、お伝えできることです。

私だけでなく多くのお客様が、占いを通じて人生が劇的に好転していくところを目の当たりにしてきました。

結果としてよいことが続き、それが連鎖してよいことが当たり前になってしまう。このような状態を私たちの業界では「幸せ慣れ」と呼んでいます。「幸せ慣れ」に浸ったお客様から感謝され、自らも幸せな占い師になるには勉強が必須になります。

3 占い師は勉強をやめてはいけない

藪医者にならないために

占い師の仕事は、人の人生を左右することもある重大かつ重責を担う任務です。ちょっと大袈裟かもしれませんが、私は占い師を目指すあなたには、お医者さんになるくらいの意識で、占いの勉強に励んでいただきたいと思うくらいです。

ちょっと想像してください。あなたが今、すごく悩んでいたとします。そのときに占いに行って的外れなことを言われたり、あなたが悩んでいることの経緯を聞いてもらえなかったり、原因を知りたいのに「わかりません」などと言われたらどう思うでしょう。

お医者さんだとしたら、「この人は藪医者だ」と思うでしょう。

お客様に適切に対応するためには、占い師は占いの勉強と同時に、心理学の勉強も少しはしておいたほうがいいでしょう。鑑定もしくはカウンセリングをする際には、人に安心して話をしてもらえる、この人には何でも話せる、もしくは人を不快にしない話し方というものがあります。

たまには占い師の私たちでも、気分が落ち込んでいる日やイライラしているときもあります。しかし心理学の知識があれば、どんな状況であれ、人に不快な思いをさせない話し方や話の順序、話の持っていきかたができます。

この本を読んでいるあなたには、ぜひ占いという学問のプロフェッショナルになっていただきたいと思います。なので、きちんと勉強して欲しいのです。

この本を読んでいるあなたは、占いが好きで、人の人生を救うことができる重要な人なのです。きっとあなたならできるはずです。

大事なのは勉強と実践

これまで勉強の大切さをお伝えしてきましたが、ひとつだけ例外があります。

それは、**卜術（ぼくじゅつ**：タロットや易など道具を使ってインスピレーションで占う方法）で、これはあなたの直感が必要な占術です。これに関しては本章の6でくわしくお伝えしますが、勉強のしすぎは要注意で、感覚が重要になります。

では、具体的に占いはどうやって勉強すればいいの？　と思われるかもしれません。

占いの勉強のステップは次の2つです。

①インプット（占いの知識を習得すること）

占いについての材料を仕入れる作業で、本で調べる、動画で勉強するなどの方法もありますが、一番わかりやすいのは、（お金はかかりますが）占い教室で師匠の方から教わることです。

②アウトプット（習った占いの知識を実践し、自分のものにすること）

この、アウトプットがすごく大事です。何でもそうですが、人はインプットするだけでは身につきません。そして、この大事なアウトプットができている人は、全体の30％しかいないというデータがあります。

では、アウトプットはどうすればいいのかと言えば、例えば運勢について習ったら、まずは自分を占ってみましょう。結果を現実と照らし合わせてみると納得することも多いはずです。その次に家族や周りの大切な人を占い、アドバイスしてみましょう。その後は、テレビに映っている芸能人などを占い、答え合わせをしていくという作業になります。

「え？　占いって感覚でやるものだと思っていた」という人もいるかもしれませんが、感覚でやれるようになるのはまずひととおり勉強して、それを実践をした後になります。

いくら、卜術（「6　占いの3パターン（命・卜・相）を目指そう！」で解説）は感覚で占うといっても、タロットであれば、そのカードの意味の解釈の仕方だったり、易では六十四卦（ろくじゅうしけ）の意味を勉強しておかなければ、お客様の相談に答えがちゃんと返せません。

そう、占い師は勉強と実践をやめてはいけないのです。

4 「占い＝裏成り」ということ

ものごとには裏の成り立ちがある

　コインに表と裏があるように、ものごとにも表と裏があります。そしてこれは、私たちの人生に起こる出来事にもあてはまることなのです。

　世の中の出来事は、私たちが目にしているものがすべてではありません。例えばこの本ひとつとってみてもそうです。この本があなたの手に届くまでには出版社、配送業者、書店といったいろいろな人が関わっています。

　私たちが目の当たりにしているものを表だとすれば、その目にしているものが登場するまでには、私たちが知らないところで様々なことが成されているのです。つまり、私たちが目にしているのは、ものごとのほんの一部なのです。

　占いはその語源が「裏成り」であるように、ものごとの裏の側の成り立ちを教えてくれるものです。人が直面している苦難や困難を表だとすれば、占い師はその**苦難や困難の裏側の成り立ち**

を見なければならないのです。そうしなければ、その人が抱える悩みの本当の原因にはたどり着けません。

また私は、ものごとの裏の成り立ちを知るだけでは占い師は不十分だと考えます。人間には正の側面もあれば、負の側面もあります。この負の側面にも寄り添うことが、本当の占い師のあるべき姿ではないかと思うのです。

占い師が目指すべき姿

これからご紹介するのは仏教の考え方です。

自分を助けてくれた人が落ち込めばその方々を支え
嘆く人がいれば嘆きを聞き
迷う人には光を与え
恐れる人には愛を与え
孤独に生きる人がいれば温かい手を差し伸べる

私は、これこそが占い師の目指すべき姿ではないかと考えます。あなたはどう思われるでしょうか？

私たちは科学の発達によって豊かな生活を享受しています。科学万能ですべての事象は科学によって解明できると考えてしまいがちです。

しかし、ちょっと考えてみてください。先ほど科学の歴史はほんの何百年しかないとお伝えしましたが、この期間に解明されたことだけで、あらゆる事象を説明できるでしょうか。

たしかに現在、科学の力で人間の遺伝子情報まで解析できるようになりつつあります。その結果、その人がどんな病気にかかりやすいかなどはわかるようになるでしょう。ですが、その人が今後、どんな運命や苦難の道をたどるかを見通すのは無理でしょう。

こうしたことを理解していただけない人にとっては、占いは怪しいと映ってしまうのも事実です。ですが、科学ではどうしても解き明かすことのできない人間の問題を扱えるのは、人間のこうした「裏成り」を知る者だからこそです。

本書では、あなたと裏成りの学問の素晴らしさを分かち合っていきたいと考えています。

5 いい占い師と悪い占い師の違い

いい占い師と悪い占い師の違いとは何でしょうか？　具体的に言えば、お客様から感謝される占い師とお客様から嫌われる占い師の違いは何なのでしょうか？

私自身、占い師になる前にはあらゆる占いを受けてきました。占い師になった現在でも、勉強のためであったり、自分を見つめ直すために占い師のもとに足を運びます。

こうした経験を踏まえて言えば、次の４つのタイプの占い師は成功しないものです。

①お客様の悩みを一部しか聞かない人。お説教のように話しまくるタイプ

これは実際にあった話です。

占い師：「何を聞きたいのですか？」

お客様：「あの、仕事のことについて……」

お客様の話をさえぎって、

占い師：「あなたは感覚タイプの人間だから……」

と、一方的に30分くらい話しまくる占い師がいました。

もはやこれは、占い師という以前の問題かもしれません。

占い師は、まずはお客様の立場になって話を聞くことから始めなくてはなりません。お客様は藁にもすがる思いで占い師に頼ってきているのかもしれません。

ですから、その人のバックグラウンドを占いで詳細に分析した上で、助言や提案をすることが望ましいでしょう。

またお客様の中には、ただ話を聞いて欲しい、共感して欲しい、励まして欲しいという人がいることも事実です。

その人が何を求めているのか、しっかりと見極める力もいい占い師の資質のひとつでしょう。

②お客様のことを尊敬しておらず、上から目線で決めつけるタイプ

熟練の占い師に多いのですが、話した後にいちいち「わかりますか?」と聞いてくる占い師がいます。お客様をバカにしているようにお説教みたいな話し方で、一方的に押しつけるような占い師はよくありません。

鑑定料を払うのはお客様です。お客様の話をよく聞いて、それからこちらが話す。お客様の話が7割、占い師の話は3割くらいの割合でもいいくらい、お客様の話を聞くことが大切です。

③お客様が調べられるような範囲のことしか知らない勉強不足タイプ

デパートの占いブースなどにいる占い師に多いタイプです。鑑定料が安く、1000～1500円くらいで受けられるので、気軽に立ち寄れる占いブース。占い協会に所属しており、歩合制や時給で働いているような占い師です。

協会が用意した占いシステムにお客様の生年月日を入力すると、その人の性格が書かれた鑑定書が印刷でき、それをお客様に見せながら読むだけ。

それなら、インターネットで検索して、自分で性格診断をすればいいんじゃない？　と思ってしまいますよね。お客様は、インターネットでは調べられないことを聞きに、わざわざ足を運んできているのです。

④アドバイスや提案に一貫性がないタイプ

自分の主観や経験談といった、内容にバイアス（偏り）が入りすぎているタイプですね。占いは学問ですから、あくまで客観的に占うのが基本です。

ト術と呼ばれる、道具を用いる占い師に比較的このタイプの人が多いように思われます。占いはあくまで公平な立場でものごとを見なくてはならないのは言うまでもありません。

もちろん、自分の経験談を織り交ぜながら答えを告げるのは悪いことではありません。

しかし、質問や相談内容と答えがズレていると、お客様は意思疎通ができない人という印象を受けてしまいます。

ときにはお客様の話が理解しにくいことがあるのも事実です。そこはていねいに柔らかく、質問をしながらお客様の情報を引き出して、しっかり意思疎通を図ることが大事です。

悪い占い師の例をあげましたが、これはあくまで例なので、こういったことを少し気に留めて、こういう行為をしないように気をつけると、あなたが占い師になったときには、ファンがたくさんついてくるでしょう。

6 占いの3パターン（命・ト・相）を目指そう！

占いをするにあたって、押さえておきたい知識が3パターンあります。これは料理にたとえるなら「焼く」「煮る」「蒸す」技術のようなもので、この3パターンを知識として入れておけば、とても深みのある占い師になれます。

もちろん、すべてを必ず使わなければならないわけではありません。大事なのは、お客様の要望に適した占術をさっと使えるようになることです。

器用な占い師で全部を使いながら鑑定する人もいますが、知識としてだけでも知っているのと知らないのとではまったく違ってきます。

それでは、「命・相・ト」をひとつずつ解説していきましょう。

①命術（めいじゅつ）

これは、人間誰も必ずひとつ持っていて、そして変わらないもの！　そう「生年月日」で占う方法です。**西洋占星術（ホロスコープ）**では、生まれた「場所」なども必要になります。

この命術は、生年月日で観るので、何度占っても結果が変わることはほとんどありません。

命術でわかることは、その人の性格、才能、資質、思考傾向、人生の流れ、人間関係の勝ち負け、人生の課題や人から見られている自分、本当の自分、考えるときに出る自分、憧れの自分、相性などです。何十年先までの運勢も観ることができるので、長期的な計画などを占うのに適した占術と言えるでしょう。しかし、その場の相手の気持ちや即断即決しなければならないことを占うには不向きです。

具体的には、その人の適性や適職、恋人や夫婦の相性、運勢のバイオリズム（いい運気と悪い運気）、人から受けやすい影響、人に与える影響などがわかります。

代表的な命術には、「**四柱推命**（**しちゅうすいめい**）」「**九星気学風水**（**きゅうせいきがくふうすい**）」「**算命学**（**さんめいがく**）」「**宿曜経**（**すくようきょう・しゅくようぎょう**）」「**西洋占星術**（**ホロスコープ**）」「**数秘術**（**すうひじゅつ**）」「**紫微斗数**（**しびとすう**）」があります。

これらを複数組み合わせたのが、新型の命術である「**個性心理學®**（**動物キャラ占い**）」です。

②卜術（ぼくじゅつ）

卜術はもともと、はるか昔の中国の朝廷で亀の甲羅を焼き、そのひび割れの入り方で吉凶を占ったことが起源と言われています。

２０１９年の天皇陛下の即位に伴う一世に一度の伝統儀式「大嘗祭（だいじょうさい）」では、神に供える米を収穫する地方を選ぶために、「**亀卜（きぼく）**」という宮中に伝わる占いが行なわれたことがメディアでも取り上げられていました。

卜術は、道具などを使って偶然出た結果（カードやコインの表裏、棒の本数など）で占う方法です。「すべての事象は必然である」という考えのもとに、偶然に意味を見出しているのが卜術の特徴です。占いのことをあまり知らない人は、「卜術＝占い」と思っていることも多いのではないでしょうか。

このト術は、特定の事柄や心情を知るのに適しています。たまに同じ結果になることもありますが、基本的には占うたびに結果は変わります。そのため、いい結果が出るまで何度も占って欲しいと言う人がいますが、それはタブーとされています。怖い言い方をすると、それは命を縮める自傷行為とも言われます。

卜術は、少しスピリチュアルな要素があるため、一番最初に出た結果が「天からのお告げ」とされています。しかし、ある程度の時間がたち状況が大きく変わったときは、占い師によっても考え方は違いますが、再度占ってもかまいません。

誰もが知っている大手企業のある社長は、この卜術の「**易（えき）**」を使う３人の有名な占い師を抱えて、ビジネスの選択をしているというのも、占い師の間では有名な話です。

卜術は、時間によって変化していくことや、人の気持ち、直近1～3ヵ月くらいの運勢や行動のよし悪し、即断即決の吉凶などを観るのに適しています。

しかし、命術と逆に、その人の性格、才能、資質、思考傾向、人生の流れ、何十年先までの運勢などを観るのには適していません。

具体的には、今、どう決断するか、今の状況がどう変化していくか、どちらの道を選べばよいか、相手の今の気持ちなど、気になる「今」を占うことができます。

代表的な卜術は、**タロット**、**易**、**水晶占い**、**おみくじ**、**ルーン占い**、**サイコロ占い**などです。

③相術（そうじゅつ）

ものの形から、人への影響や吉凶を観る占術です。目に見える姿や各パーツの大小、形（手や顔など）、配置（家や部屋の間取り）などを観ていきます。

とくに人の姿・形は、成長や年齢によって変わるので、ある程度の時間を置くと結果も変わります。**顔相**は微妙な変化で1日で変わることもあります。**手相**も早ければ3ヵ月で変わることもあります。

また、整形やお化粧、部屋の配置換えでも運勢が変わるので、吉相になるように意図的に行なうことで開運することもできます。

相術は、命術と少し似ていて、その人の性格、才能、資質、思考傾向、人生の流れなどを占うことができます。しかし、鑑定に来られたお客様のことしか占えません。他の人を占うことはできません。

具体的には、その人の個性、体質、健康状態、生活状態、その人に今後来る転機などを占えます。

代表的な相術は、**人相**（**手相**、**顔相**、**骨相**、**体相**、**足相**）、**家相**、**墓相**、**姓名判断**などです。よく知られている「**風水**」は、相術として紹介されることが多いようですが、本来は家相と九星気学の総称です。

この「命・卜・相」のすべてを制覇しなさいと言っているのではありません。しかし、占い師の最低限の基本知識なので、あくまでも知っておくことは大事です。

ちなみに私がこの5年間で習得した占術は、命術では「個性心理學®、九星気学風水、西洋占星術」、卜術では「易、タロット」、相術では「顔相、姓名判断」です。

ひとつの占術でも最低、習得するまで半年はかかるので、急がずに習得していきましょう。

ひとつの占術をマスターすれば、どんどん新しい占術を勉強したくなるでしょう。占術を増やすことは武器を増やすのと同じなので、とてもワクワクします。

7 占い師の実情（副業→本業）

まずは、副業として始めよう

あなたは、占い師を副業でされている方がどのくらいの割合でいると思いますか？　私の経験を踏まえながら、解説していきたいと思います。

最近は、昔では考えられないほど占い師の求人が多くなっています。「**チャット占い**」「**電話占い**」、ショッピングモールの一角の占いブースなどなど。占い師の副業割合は、占い師全体のほぼ7割を占めると言われています。

副業での占い師の収入は人によって様々ですが、3〜10万円ほどは可能です。あなたが今、どこかにお勤めで、いつか占い師になりたいと思っているのであれば、まずは副業から始めることをおすすめします。

私の場合は、体調を崩して会社勤めができなくなったので、やむを得ずバイトをしながら、自営業の道を選ぶことにしました。

しかし、最初のうちはなかなか占いで稼ぐことは簡単ではありませんでした。周りに占い師で生計を立てている人などおらず、何をどうしたらいいのかわからなくて手探り状態でした。

会社に勤めていると、給料は自然に月に一度は入ってくるものと思っています。ですが自営業になると、自分で稼ぐという考え方が必要になります。ですから、働き方が大きく変わることを理解しておかなくてはなりません。

自営業としての道を進むのは、簡単ではありません。自営業での成功率をご存じですか？　自営業で10年間生き残る人の割合は、5％にも満たないということが、ある調査でわかっています。イメージでは独立・起業の夢や未来は、明るく語られることが多いのですが、実際はとても大変なのです。

十分な貯金があって、何もしなくても半年から1年くらいは生活できるという人なら、思い切って専業の占い師の世界に飛び込んでも何とかなるかもしれません。しかし現実を踏まえると、まずは副業から始めたほうがいいでしょう。

占いのイメージは変わった

現在の占い師は、従来のイメージとは変わりつつあります。というのも、時間と場所の自由がきく仕事になりつつあるのです。例えば、

・仕事から帰ってきての夜間の占い
・週末や休みの日だけのイベント出店での占い
・在宅での電話・チャット占い

また自分でブランディングしてSNSで告知し、個人的にカフェで占ったり、Zoomやスカイプといった、インターネットテレビ電話で鑑定することも可能です。ブランディングとは、知名度を上げるためにSNSやブログを通じて「自己発信」し、意識的にたくさんの人たちに自分の価値を伝えることで、ビジネスとして成立させるマーケティング手法です。

このような方法であれば、全国のお客様や世界中の人の鑑定も可能です。

そして、自分で占いのお客様を選ぶことも可能です。いくらお客様とはいえ、合わない人も出てきます。自分のコンディションをいい状態に保ち、息が長い占い師になるためには、自分に合うお客様を選ぶことも必要な心得です。

「このお客様の鑑定は億劫だな」と思う人は、あなたが占うべき人ではないのです。そういう人は、そのお客様に合う他の占い師の方に譲りましょう。

次に収入面です。占い師の収入はどれくらいあるのでしょうか?

私の場合ですと、最初はマッサージやアロマの資格を取って、アロマサロンでセラピストとしてバイトをしながら副業で占いをしていましたが、占いの収入は月に5～10万円程度で、その感じが1年間ほど続きました。

バイトを辞め、占い一本で生活していくぞ！　となったときには、月に15～25万円稼ぐことができるようになりました。

ですが、最初は不安との戦いで大変でした。どんなに好きな占いをしていても、生活できなければ、心が安定しないからです。当時はプライベートでも離婚したてで不安定だったので、なおさらでした。

転機は今の主人との出会いでした。心から支えてくれるパートナーと出会ったことで精神的に安定し、お客様にもそれが伝わり、お客様がお客様を呼んで、紹介とリピートが絶えないようになりました。

あなたも、きっと私以上に素晴らしい占い師になれるはずです。まずは自信がつくまで、副業から占い師をスタートさせてみてくださいね。

おすすめは、1年間くらい副業で占い師をし、固定客や新たなお客様を紹介してくれる方との関係性を築いて、本業に移る流れをつくることです。

3章

占い師入門・自分に合った占術の見つけ方

1 今の時代はいろいろな占いのスタイルがある

「新型占い」が続々登場

2章で「今と昔では占い師の定義が変わってきている」とお伝えしました。今は昔の占術（四柱推命、算命学、九星気学風水など）をそのまま引き継いでいる占い師の方もいますが、それをアレンジして新しい占い（私は「**新型占い**」と呼んでいます）を独自につくっている人もいます。

私は「個性心理學®（動物キャラ占い）」を主にしていますが、他にも「新型占い」をされている方はたくさんいらっしゃいます。

例えば、フォーチュンアドバイザーの肩書きを持つイヴルルド遙華（ハルカ）さんは、昔からのタロット、算命学、カバラ占いをもとにしたポジティブなアドバイスが著名人からも信頼を寄せられ、占い師として大活躍されています。

イヴルルド遙華さんの占いは現代的にオシャレにアレンジされ、雑誌などにも多数取り上げられています。アクセサリー会社ともコラボし、オリジナル開運アイテムをプロデュースされ、大変人気のある画期的な占い師さんです。私も占い師初心者のころ、よくイヴルルドさんの本を買い、参考にさせていただいていました。

また、占い師であり作家でもある「しいたけ」さんは、西洋占星術（ホロスコープ）をもとに心理学の要素を合わせて、占い×カラー心理の画期的な診断方法を雑誌などで執筆されて、大変人気があります。

今までの漢字ばかりのむずかしい占いよりも、こうした「新型占い」のほうが今の私たちの生活に馴染みやすいことから、新型占いは今後、ますます注目を浴びるようになることでしょう。

新型占いの大きなメリット

もちろん、「新型占い」をつくられた人気占い師の方は、まず基礎となる昔の占いを十分に勉強されてから、ご自身で新しい占いを確立されています。「命・卜・相」の勉強というプロセスを飛ばすことはできません。前にもお伝えしたとおり、占い師は常に勉強と実践です。

今から占い師になろうとしているあなたには、少し早い話かもしれませんが、こういった独自の「新型占い」をつくると、雑誌などにも取り上げられるカリスマ占い師になることもできます。独自の占いをつくることによって占い師としての希少価値が高まり、一般の人からは、普通の占い師とは違った存在として見られるからです。

今後、占い師になるときに通る道としてどこかの占い団体に所属すると、その占いを使うにあたって「登録料」や「著作権料」というものが発生することがあります。ですが考え方を変えれば、これはあなたが独自の占いを確立したときにはメリットになるということでもあります。

あなたの開発したオリジナルの占いがあれば、「登録料」「著作権料」といったものが、自ら仕事をしなくても権利収入として継続的に入ってくるというわけです。

まだまだ先の話かもしれませんが、そういうやり方もあるということを知っておくと、どの占術を学ぶかの基準になるかもしれません。

お客様は、まだ見たことがない目新しいものに、「面白そう！」「試してみたい！」と興味を引かれるので、先輩占い師がまだやっていない「新型占い」をつくると、注目を浴びることになるかもしれませんね。

占い師として成功する秘訣

占い師として成功する秘訣は「**目立つこと**」です。

もちろん、コツコツやって、口コミでじわじわ人気が広がっていく占い師を目指すのもいいですが、やはり目立つ占い師は結果が早く出やすいと言えます。

例えば、細木数子さんやゲッターズ飯田さんのように、テレビに出るとともにかく目立ちます。

ゲッターズ飯田さんは仮面を被っているので、顔バレしたくない人は参考にしたい人気占い師さんですね。仮面を被ることでインパクトを与えるというのも、ブランディングとしていいかもしれません。

今はSNSで、個人がテレビの主人公になれる時代なので、有名になるのも夢ではありません。古いむずかしい本家の占いを伝えることもとても大事ですが、今後は多くの人に広めるという意味で「わかりやすさ」がとても重要になってきます。先ほどお伝えした「エンターテインメント性」を重視すると、動画サイトYouTubeなどでも人気占い師になれます。

どんな占い師になりたいか、勉強しながら目標設定をしてみるといいですね。

2 東洋と西洋の占いの違いとは？

勉強しやすい西洋占い

「命・卜・相」の占術について、その違いを料理の「焼く・煮る・蒸す」にたとえましたが、今度は、東洋の占いと西洋の占いについて見てみましょう。

この違いは、また料理にたとえて「和食」と「洋食」の違いというと、イメージがわきやすいかもしれません。

まず、東洋占いと西洋占いをどう分別するのかを解説しましょう。

【東洋占い】

・**命術**：四柱推命、九星気学風水、算命学、宿曜経、紫微斗数
・**卜術**：易、おみくじ
・**相術**：人相（手相、顔相、骨相、体相、足相）、家相、墓相、姓名判断

【西洋占い】

・**命術**：西洋占星術、数秘術
・**卜術**：タロット、水晶占い、ルーン占い、トランプ占い
・**相術**：手相（手相は東洋と西洋のどちらもあるが、一般的に使われているのは西洋のほうが多い）

一般的に私たち占い師仲間の間では、日本人は東洋人なので、東洋占いのほうが当たりやすく、肌に合っていると言われています。しかし、日本人がヨーロッパに憧れを抱くのと同じように、西洋占いはとても人気があります。

テレビや雑誌で取り上げられている「今日の運勢・今月の運勢」などはほとんど西洋占星術ですし、タロット占いは恋愛占いでの人気度がナンバーワンです。

西洋占いは特別に大きな流派もなく、専門書も多いので、独学がしやすいと言われています。ですから、師匠がいなくても（もちろん師匠のもとで習うこともできます）、独学でプロになる人が比較的多いのも特徴です。

参考書が多く、理論立てられていて、多くの人が認知しているので、親しみやすいのでしょう。

西洋占いは敷居が低い一方、内容はかなり難解です。命術で一番複雑でむずかしいのは、西洋占星術とも言われるくらいです。

ですから、初心者にはいきなり西洋占星術はおすすめしません。西洋占星術は、ある程度、命

術がわかってきてからの玄人向けの占いだと思ってください。

基礎は東洋占いで

対して東洋占いは、独学はむずかしいと言われています。

東洋の占いには数々の流派があります。これは仏教の影響もあります。仏陀が弟子に伝えたことが仏教になっていった経緯があるように、東洋占いもまた、師匠と弟子といった関係性が強いのです。

ですから、師匠からしっかりと指導してもらえる一方で、閉鎖的な一面もあります。占い協会などの登録制度があり、知る人ぞ知るという認識で敷居が高く、間口が狭いのも特徴です。

私が習っていたある東洋占いの教室も、ほとんどが紹介という「ご縁」のある人のみといったところでした。ですが、それだけ東洋占いは吉凶がはっきりしていて、的中率がとても高いのです。かなりロジカルにつくられているので、狭い分野でよく的中します。

占い師にもよりますが、少々ネガティブなこともズバリ言うので、東洋占いは怖いというイメージを多くの人が持っていることは否めません。しかし、誰が占っても標準的な成果が見込めます。

ですから、もし東洋占いでも西洋占いでも、どちらでもいいと思うのであれば、最初に占いの基礎を学ぶのは東洋占いがおすすめです。

東洋占いの「五行説」

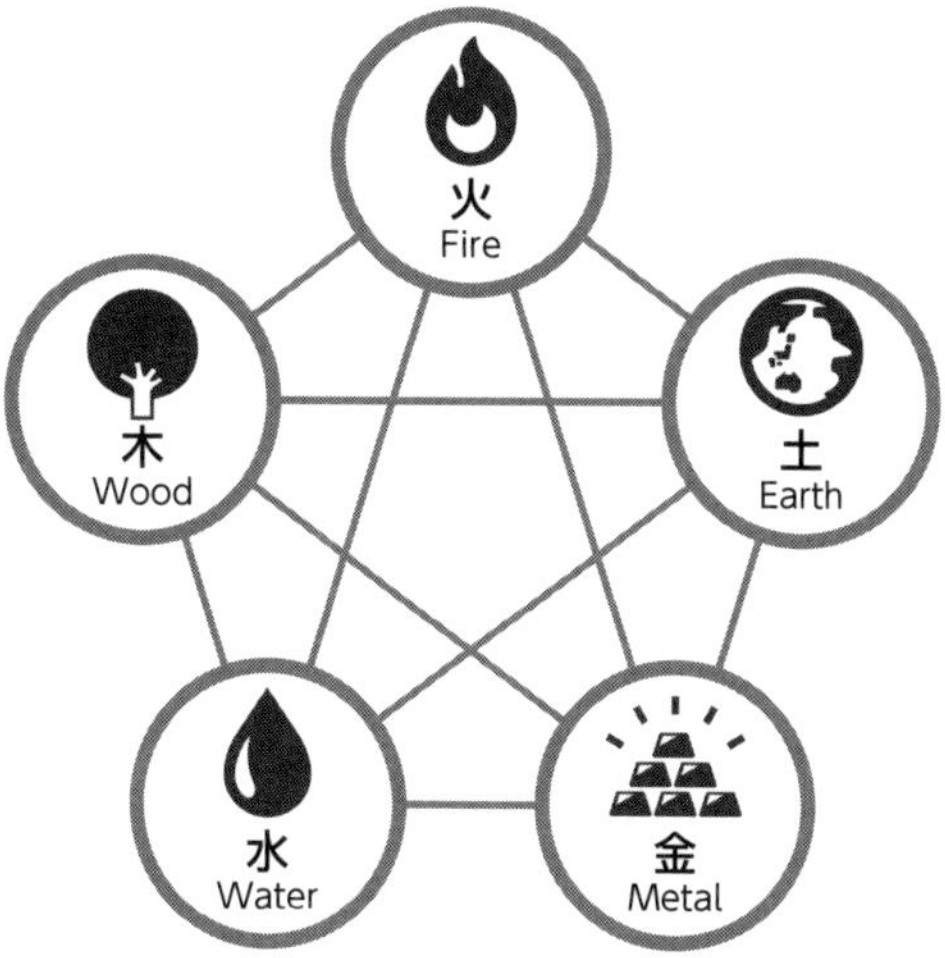

では、簡単に東洋占いと西洋占いのもととなっているものをご紹介しましょう。

東洋占いは「五行説」、西洋占いは「4つのエレメント」

東洋占いの基盤は「五行説」です。「五行説」とは、万物には「木・火・土・金・水」の5つの要素があり、それらが影響し合い、宇宙が成り立っているという考え方です。

図で説明しましょう。木の両隣は水、火です。このような隣同士の関係を**相生**（**そうしょう**）と呼びます。相生は相性のいい関係性となります。一方で、木の反対にある土、金は**相剋**（**そうこく**）と呼ばれる関係になります。この相剋はやや緊張感のある、相性が合わない（合わないのは悪いことではありません）関係性となり

西洋占いの「4つのエレメント」

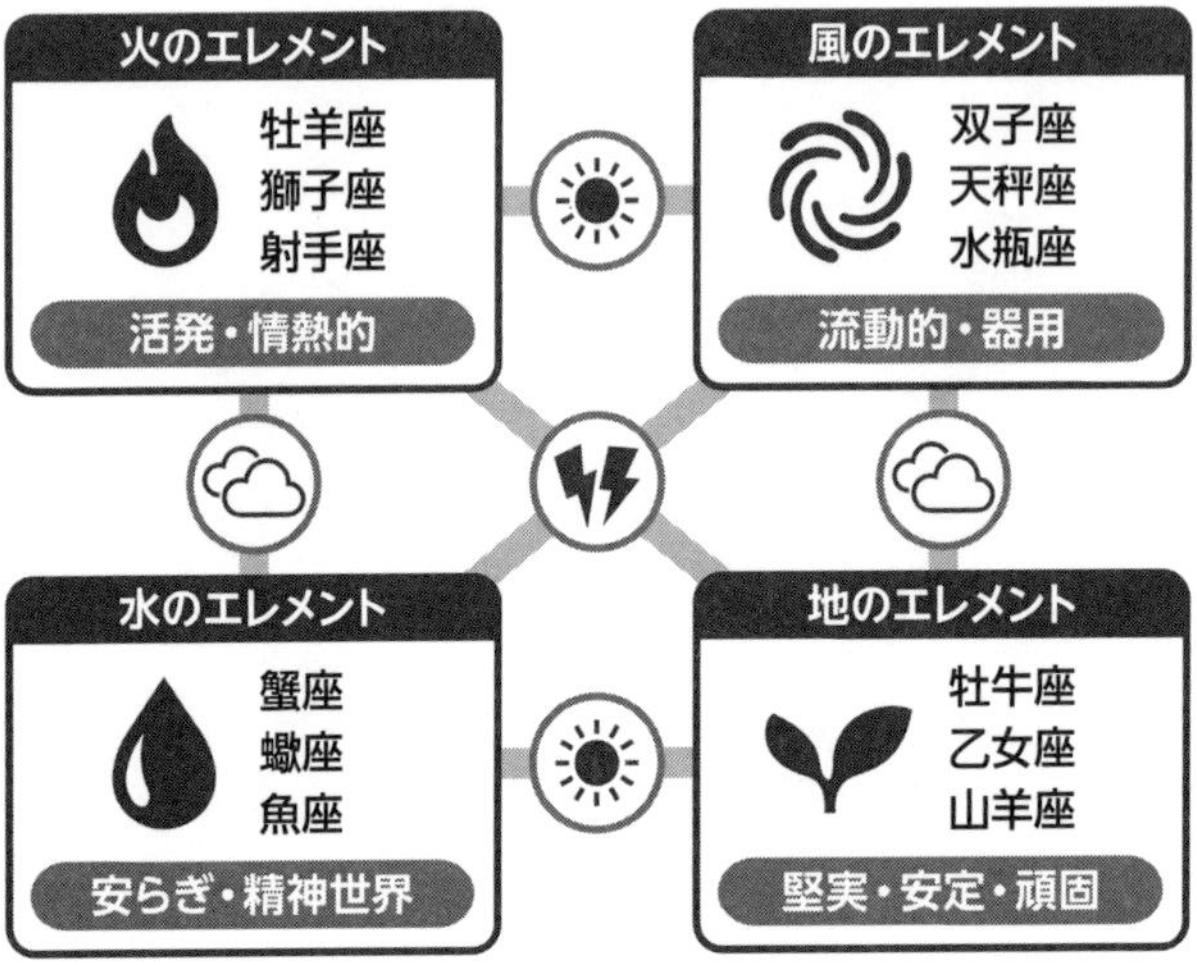

ます。

一方、西洋占いの基盤は「4つのエレメント」という考え方から成り立っています。エレメントとは要素・成分という意味で、古代ギリシャの哲学では「火＝熱、地＝冷、風＝乾、水＝湿」の4つの要素から万物は成り立っているという説です。

東洋占いは「五行説」、西洋占いは「4つのエレメント」が基本中の基本で、占いの勉強では必須の知識ですから、必ず押さえておく必要があります。

3 実際に占いを受けてみよう

あなたは、占いを受けたことはありますか?
・実際に占い師に鑑定を受けたことがある
・アプリで運勢や自分の性格を占ったことがある
・好きな人の心をタロットで見た
・電話占いを受けた
など、今では様々な占いを経験する方法があります。

あなたが占い師を目指しているのであれば、占いは必ず受けておかなければなりません。しかも、複数のタイプの占いを受けたほうがいいでしょう。なぜなら占いを受けることにより、**お客様目線を体感できる**からです。

実際に占い師から占いを受けてみないとわからないことはたくさんあります。例えば、2章でお伝えした、いい占い師と悪い占い師の違いや話の進め方、お客様の悩みに対しての対応、間の取り方、受け答えの仕方、質問の仕方、鑑定を終わるときの締めくくり方など、細かいことが実体験として習得できます。

私も今までいろいろな占い師の方の鑑定を受けながら、言い方だったり話の進め方を真似して、今があります。

占い師をしていると、こんなことを言われることがあります。

「そもそも、占い師なら悩みなんてないんじゃない？」

しかし面白いことに、自分のことは自分では占えないことが多いのです。他人のことは客観視できても、いざ自分が窮地に立たされると変な偏りがかかってしまい、客観的に見られなくなり、正当な判断ができなくなるのです。

ですから、他の占い師の占いを受けることは、勉強になるだけでなく、自分の悩みを軽くしたり、悩みの原因に気づくことにもつながるのです。

占いを受けに行くと、いい思いをすることもあれば、逆に不安になったりなど、いろいろな経験をすると思います。そこで**鑑定を受けた後はメモに残しておきましょう**。いいことは真似をして、不満に思ったことは反面教師として、自分が占い師になったときに気をつけることをチェックするためです。

「百聞は一見にしかず」という諺のとおり、人から100回聞くよりも、一度自分の目で見るほうが確かであり、実際のことがよくわかります。

4 あなたは左脳型？ 右脳型？

人間の脳には2つのタイプがあります。

ひとつが**左脳型**。論理的で冷静、筋道を立てて考えるデジタル派。言語機能などが発達していて計算なども得意で、几帳面な男性的要素が強いタイプです。

もうひとつは**右脳型**。感覚的で感情表現が豊か、人の気持ちなどをよく汲み取れるアナログ人間。暗記などが得意で女性的要素が強いタイプです。

自分が左脳型、右脳型、どちらにあてはまるのか、気になりますよね？ 簡単な見分け方が3つあるので、それをご紹介したいと思います。

①両手の指を組む

左脳型：右手の親指が上になる

右脳型：左手の親指が上になる

②腕組みをする

左脳型：右腕が上になる

①両手の指を組む

②腕組みをする

③個性心理學®（動物キャラ占い）で診断する

右脳型：左腕が上になる

③個性心理學®（動物キャラ占い）で診断する

「個性心理學研究所®」（https://noa-group.co.jp/）のサイトで、自分の生年月日を入力後、動物キャラを調べて、出てきたキャラによってあなたのタイプを見分けます。

左脳型：猿・チータ・黒ひょう・ライオン・虎・たぬき

右脳型：こじか・狼・ペガサス・ひつじ・ゾウ・子守熊《こあら》

以上、3つを試してみて、多くあてはまるほうで、あなたが左脳型か右脳型かがわかります。

次の項目では、左脳型がどんな占術に向いているか、右脳型がどんな占術に向いているかを解説していきますので、続けてお読みください。

5 あなたの強みを最大化する占術の見つけ方とは？

自分に合った占いを選択する

将来、占い師として生計を立てたいと本書を手に取られたあなたは、ここまでお読みになられて占い師の全体像が少しつかめてきたかもしれません。ひとくくりに占いと言ってもいろいろな種類があり、それぞれ特徴があることが理解できてきたのではないでしょうか。

そこで、では自分はどんな占いを選択すればいいのか、という疑問を持たれたかもしれません。ここではそうした迷いを解消していきましょう。今からあなたにピッタリの占いの見分け方をお伝えします。

まず、一番大事なのは「自分を知ること」です。

例えば、魚は川や海といった水の中であれば、自由自在に泳ぐことができます。では陸地であればどうでしょうか？　泳ぐどころか生きていくことすらできません。

これは極端な例ですが、人間にも向き不向きというものがあります。これからお伝えするのは、あなたが生まれ持った素質をもとに、もっとも合う占術を発見する方法です。

日本人に古くから伝わる考え方に**「ご縁」**というものがあります。私自身も占いを始めるあたり、「ご縁」を大切にして占い師としての人生をスタートしました。

具体的に言えば、
・大切な友人・知人から誘われた
・直感で何となくインターネットでたどりついた
・本屋さんでたまたま目に入った
などなど。宇宙はあなたに対して様々な「きっかけ」を与えているのです。そして、あなたは運よくそのタイミングに気づくことができたというわけです。

私は、どのタイプがどの占術に向いているかを分類する方法を編み出したので、これからそれを解説していきます。

左脳型か右脳型かで判断する

先ほどの「あなたは左脳型？　右脳型？」で、あなたは自分が左脳型か右脳型かがわかったと思います。それでは次に、左脳型・右脳型がどの占術に向いているのかを解説しましょう。

この2つのタイプが得意とする分野は次のようになります。

・**左脳型**：命術・相術
・**右脳型**：卜術・相術
が適していると思われます。
では、ここから先ほど紹介した3つの見分け方に沿って考えてみます。
次のような人を例にしてみましょう。

①両手の指を組む
左手の親指が上になる→**右脳型**

②腕組みをする
右腕が上になる→**左脳型**

③個性心理學®（動物キャラ占い）で診断する
虎→**左脳型**

この人は右脳型が1つで左脳型が2つあてはまりますから、左脳型になります。
つまり、命術もしくは相術から始めると理解しやすいということになります。

あなたは東洋占いに向いている？　それとも西洋占い？

また、東洋占いと西洋占いの相性についてもご紹介しましょう。「個性心理學®」では、3分類

12動物に分けられます。

・**MOON（ムーン）**：こじか、たぬき、黒ひょう、ひつじ
・**EARTH（アース）**：狼、猿、虎、子守熊《こあら》
・**SUN（サン）**：チータ、ライオン、ゾウ、ペガサス

この3分類で、東洋占い向きか西洋占い向きかがおおよそわかります。

まず、**東洋占い向き**はMOON（こじか、たぬき、黒ひょう、ひつじ）です。

理由はとってもシンプルです。「東洋と西洋の占いの違いとは？」でお伝えしましたが、東洋の占いは継承を主とする占いでしたよね。ですから、人と人の関わりが重要になります。MOONタイプの人は、人と関わることを得意とし、またそれによって運が開けるのです。そのため、MOONタイプに分類される人は、東洋の占いとの相性がいいと言えるでしょう。

もちろん、どうしても西洋の占いをしたいという場合は、西洋占いの勉強に取り組んでもかまいません。あくまで目安なので、絶対というわけではありません。

次に、**西洋占い向き**はSUN（チータ、ライオン、ゾウ、ペガサス）になります。

SUNの動物たちの表記を見ていただくとわかるとおり、すべてカタカナですよね。そもそも地球にいない動物もいます。

つまり、この分類に属する人は、国際的な素質を備えているのです。ですから、ここに属している人の興味・関心は国内にとどまらず、海外に目を向ける人が多いのです。

ちなみに個性心理學®では、チータはイタリア人、ライオンはイギリス人、ゾウはアメリカ人、ペガサスはフランス人に近い感性を持つとされています。ですから、そもそも感覚的に日本人（東洋的）ではないと言えるでしょう。

加えて、このタイプは天才肌で、1を聞けば10を知るような賢い人が多いのも特徴です。ですから西洋の占いに肌が合いやすい上に、独学であっても理解にそう苦しまないでしょう。

最後にEARTH（狼、猿、虎、子守熊《こあら》）タイプの人に向いている占いをご紹介しましょう。

実はこのタイプの人は東洋・西洋のどちらでもかまいません。このタイプの人が注意しなければならないのは、自分のペースを大切にすることです。ひととおりの知識や技術は師匠のような人のもとで学び、慣れてきたら、独学で習得に励むのがいいかもしれません。

というのも、私自身がこのタイプだからです。最初は東洋占いの師匠のもとで学んでいましたが、生徒同士の交流やしがらみが合わなかったため、独学で習得する方向へ修正していきました。

以上をまとめると、

左脳型でMOON・EARTHの人は東洋の命術もしくは相術。

・命術：四柱推命、九星気学風水、算命学、宿曜経、紫微斗数など

・相術：人相（手相、顔相、骨相、体相、足相）、家相、墓相、姓名判断など

右脳型でMOON・EARTHの人は東洋の卜術もしくは相術。

・卜術：易

・相術：人相（手相、顔相、骨相、体相、足相）、家相、墓相、姓名判断など

左脳型でSUN・EARTHの人は西洋の命術もしくは相術。

・命術：西洋占星術、数秘術

・相術：手相

右脳型でSUN・EARTHの人は西洋の卜術もしくは相術。

・卜術：タロット、水晶占い、ルーン占い、トランプ占い

・相術：手相

自分にもっとも合う占いがわからないという人は、参考にしてみてください。しかしあくまでも参考なので、自分自身で極めたい占術があれば、そちらを選択されてもかまいません。

自分に合った占術を決めるのも「ご縁」なのです。ご縁によってここまで導かれたことを誇りに思い、そして自信を持ってくださいね。

6 迷ったらまずは「個性心理學®（動物キャラ占い）」がおすすめ

「命・ト・相」という占術の種類、そして東洋占いと西洋占いの違いと特徴をお伝えしてきました。

しかし、ここまで読んできたけれど、まだ「どの占いを選んでいいのかわからない！」という人もいらっしゃるでしょう。

そういう人は、とても簡単で、かつ的中率も高く、楽しんで学べる「個性心理學®（動物キャラ占い）」がおすすめです。

「個性心理學®」は東洋最古の占術である「四柱推命」と密教の経典のひとつである、人間関係の秘法「宿曜経」に基づいています。さらに行動心理学を織り交ぜて人間の個性を12種類の動物にあてはめた占いであり、心理学です。

私自身、数々の占いを学んできましたが、「個性心理學®」ほどバランスの取れた占いはないと思っています。そして、どの占いが自分に合っているか迷っている初心者の人にはピッタリの占術ではないかと思います。

「個性心理學®」の特徴とは

では、簡単にこの「個性心理學®」について説明しましょう。

「個性心理學®（動物キャラ占い）」は1997年4月に「個性心理學研究所®」の所長である弦本將裕先生が体系化されたイメージ心理学です。弦本先生は毎日動物園に通われて動物を観察し、飼育員さんにいろいろ質問しながら、占いの要素に動物の生態を織り交ぜ、「動物キャラ占い」をつくられました。

この動物というコンセプトは、多くの人にとって理解しやすく、かつイメージに残りやすいため、とても広く受け入れられました。現在では、「動物キャラ占い」は日本のみならず、世界中の人たちに受け入れられています。

占いとしてだけでなく、対人関係を円滑にするために、ビジネスで用いられることが多いのも「個性心理學®」の特徴のひとつです。転職サイト、大手エステ企業、病院、フィットネスジム、美容室などの様々な企業が「個性心理學®」を使って売上げを伸ばしています。

私の占い師としての原点も、「個性心理學®」の認定講師資格（プロとして「動物キャラ占い」を広める資格）を取得したことです。

まだ漠然と占い師になりたいと思っていただけのときに、ある占い師さんにすすめられたのが、この「個性心理學®」でした。

「個性心理學®」には資格取得制度があるので同期の仲間もでき、仲間同士で情報交換も盛んに行なわれます。お互いの個性を認め合っている仲間なので、ストレスなくつき合えます。

私もこの同期の人たちと一緒に婚活ビジネスをさせていただくなど、発展的な関係を築いています。

「個性心理學®（動物キャラ占い）」は占いの要素ももちろんありますが、より学問として推奨しているので、アカデミックな印象があることも万人に好かれる要因のひとつだと思います。

人のトリセツ

「個性心理學®」のシステムについて見てみましょう。

占術のジャンルとしては、東洋占いの命術の分野になります。ですから、たくさん販売されている命術の書籍でも、ある程度は習得できます。しかし、「個性心理學®（動物キャラ占い）」をプロとしてビジネスにするには、資格を取得しなければなりません。

動物を使った占いは、世にたくさん同種のものが出回っていますが、ほとんどがニセモノです。本物は、弦本將裕先生がつくられた「個性心理學®」だけです。もし動物を使った占いを学びたいのであれば、ぜひ本物を学んでいただきたいと思います。

「個性心理學®」は生年月日でわかる〝人の取扱説明書（トリセツ）〟であり、相手の個性がわかって共通点を見出せると、どんなことで相手は喜ぶのか、どんなことでイラッとするのか、といった傾向が見えてきます。

「人の扱い方」がわかれば、相手を不快にさせることが減り、良好な人間関係を築けますし、最初は苦手な相手、攻略しづらい相手、落としづらい相手だったとしても、やがて面白いほど相手の心理がわかるようになります。

また命術の強みとして、自分の運気が観られるのも特徴です。日々変わる運気を事前に知っておくことで好機を逃すこともありませんし、逆に、悪い運気もわかるので大難を小難にできます。

「個性心理學®」は動物が使われているので子供さんでも馴染みやすく、学校の教師にも認定講師の資格をお持ちの方がたくさんいらっしゃいます。

どの占いを選択すればいいのかわからない人は、「個性心理學®」がおすすめです。

7 「所属型占い師」か「フリーランス型占い師」か

これまで、占いの種類やどんな占いが自分に向いているかを解説してきました。次に、実際に占い師としてどのように活動するのか、そのスタイルについて触れていきましょう。

プロとして活動する占い師には、大きく2つのタイプがあります。ひとつは所属型の占い師。もうひとつはフリーランス型の占い師です。

①所属型占い師

ショッピングモールなどの占いコーナーにいるのが所属型の占い師です。あるいは「占いの館」など、一箇所に数人いる占い師、またアプリやサイトなどでの電話占い師やメール占い師です。

これらの占い師は、いずれもどこかの団体に所属しています。

②フリーランス型占い師

自分の占いサロンを持っている人や自宅で占いをしている人。またフリーとしてカフェなどで占いをしていたり、占い講座などを開催している人が「フリーランス型占い師」です。

フリーランス型占い師は、イベントなどに出張したりもします。


この2つのタイプの占い師の、それぞれのメリット・デメリットについてご紹介しましょう。

所属型占い師のメリット

いざ、占い師としてひとりで活動する、そう思うと不安になる人もいることでしょう。そんな人におすすめなのが所属型占い師です。

所属とは、どこかの店舗や団体に所属していることを指します。こうした場合、所属している店舗・団体が集客を担ってくれます。店舗であれば、人が集まりやすい立地に出店している場合が多いので、集客について悩むことはないでしょう。

また、フリーランス（電話やオンラインなど）で稀に起こるのが、占いをしたにもかかわらず支払いがないというもの。これは困った問題です。

ですが所属型占い師であれば、システムが整っているため、金銭的なトラブルは少ないでしょう。占った分だけ報酬として支払われます。ですから、比較的安定的に稼ぐことができるので、低リスクですぐに占い師としてスタートできます。

また団体に所属していると占い師の仲間ができるため、占い師しかわからない悩みなどを共有することもできるので心強いでしょう。

所属型占い師のデメリット

所属型占い師のデメリットは、報酬が体系化されているので上限があることです。しかも報酬の何割かは手数料として引かれてしまいます。所属している店舗や団体にもよりますが、10～50%ほど手数料として引かれます。

せっかく固定客がつき始めても、手数料はあなたにとって不利益になりますから、固定客がある程度見込めるようになったら、所属ではないあり方を考えるタイミングと言えるでしょう。

もうひとつのデメリットは、店舗や団体に所属していると友人ができる一方で、人間関係が複雑になってしまうことです。お互いにビジネスとして占いをしているわけですから、占い師同士で利害関係が生じてしまいます。あれだけ仲がよかったのにといった人でも、亀裂が生じてつらいこともあります。

また、あなたが売れてくると、ねたみひがみといった人の負の感情を受けやすくなります。こうした生の感情を向けられると、あなた自身のエネルギーが消耗してしまいます。そのような状態になったら、ころ合いを見て、次のステージに移ることを考えてみてもいいかもしれません。

フリーランス型占い師のメリット

フリーランス型占い師はすべてにおいて自由です。時間も場所も、そしてお客様を選ぶことも自由です。

体系化された報酬システムがあるわけではありませんから、あなた自身が自分の収入や商品価格を設定できます。実力があれば、すぐに団体に所属していたときの収入を超えられるでしょう。

また、所属先や人間関係に配慮する必要はありませんから、前面に立って占い師として活躍できるでしょう。

フリーランス型占い師のデメリット

一方で、所属型の占い師が「安定」であるならば、フリーランス型の占い師は「不安定」であると言えるでしょう。

集客についても自分自身で何とかしなくてはなりません。鑑定するところも特定の場所を確保しなくてはなりません。

ですから、フリーランス型の占い師のスタートは、どこかに事務所を借りてというよりも、カフェの一隅でといったケースが多いのも事実です。

対面鑑定（お客様とお会いして鑑定をする）の場合、自宅兼占いサロンという人もいますが、私個人としてはおすすめしません。というのも、特定の感情を持った男性のお客様が家に来てしまうといったことも考えられるからです。また、精神的に問題を抱えている人がお客様になったら、トラブルになる危険性もあります。

そして、もうひとつのデメリットが孤独です。占い師としての勉強をしている段階では友人はできますが、毎日会えるわけではありません。ですからフリーランスだと、悩みを打ち明けられる相手というのが少なくなってしまいます。ぜひ、そうしたことも頭に入れておくことをおすすめします。

最後に収入の面です。どうしてもフリーランス型は収入が安定しないものです。一般的に占いの市場は秋から春までが繁忙期にあたり、春・夏は閑散期です。その時季は客足が途絶えがちです。そうなると、心理的に不安を抱えてしまうというデメリットがあります。

所属型・フリーランス型の占い師のメリット・デメリットについてご紹介してきましたが、いかがでしょうか？

ちなみに私について言えば、ありがたいことにフリーランス型の占い師として順調に仕事をさせていただいています。所属型の占い師も経験しましたが、現在はカフェを中心に仕事をしています。カフェなら固定費もかかりません。

　フリーランスは気分に合わせていろいろな場所で仕事ができるのが､楽しさのひとつでしょう。方位に関する占いの知識を深めていけば、吉方位を選びながら仕事ができます。

　お客様についても、自分と相性のいいお客様とだけ仕事をさせていただいています。収入についても、２年目から安定するようになりました。

　いきなりフリーランス型の占い師を目指すのはむずかしいでしょうから、経験に合わせて、あなたのことを信頼してくれるお客様とともに独立することを考えるのもいいでしょう。

4章

実践！　プロの占い師になるための7つのアクション

1　まずは、本で貪欲に知識を吸収する

本を選択する

3章で自分に合った占術がおわかりになったかと思います。この章では、プロ占い師になるために実践しなければならないことについて解説していきましょう。

まず、一番お金がかからず、占いを身につけやすい方法は「**本で知識を吸収すること**」です。

順序としては次のようになります。

第一にインターネット、SNSで占いについて情報収集をします。情報収集とは、占術や占い師の記事で関心があるもの、人気のあるものをチェックすることです。占いの概要やトレンドをつかむように意識してみてください。

第二はネットで本を選定する作業になります。そこで注意しなければならないのは、ネットの情報は私たちが興味を引きやすいように加工されているということです。ですから、占い師がすべての情報を明かしていなかったり、本物とは呼べない情報になっているケースも多いのです。

インターネットではリサーチ、それから本の選択といった流れで、効率よく勉強することができます。本での勉強がおすすめなのは、ネットのようなデジタルの情報より、アナログである紙媒体のほうが知識として定着しやすいからです。

占いの本は専門書です。一般的に専門書は値が張ります。占い師としてスタートしようとしているときには資金の準備などもあるので、高価な本の購入には苦労するかもしれません。

ですから、リサーチして見つけた読みたい本を図書館で借りるのもおすすめです。望みの本がない場合は、今の図書館はリクエストもできますから、時間がかかってもいい人は、勉強したい本をリクエストしましょう。私自身も占い師になりたてでお金がないときには、図書館はとても重宝しました。

また最近のカフェ兼本屋さんなどでは、本を購入せずとも試し読みができるようになりました。こうした場所ではあなたの直感で本を選択できます。

本は広い視野をあなたにもたらしてくれることでしょう。

本での勉強の仕方

それでは、本での学び方についてご紹介しましょう。

ここでのポイントは、「**本は3回読む**」ことです。そのコツをお伝えします。

①1回目はざっと読む

1回目は、理解することよりも全体像をつかむことを優先させてください。

もし、中盤以降になっても面白くないし、よくわからなければ、あなたにとって価値がないか、読む時期が少し早いのかもしれません。そのようなときは期間を空けたり、関係する他の本を読むことをおすすめします。

②深く読む

2回目は理解することを念頭において読み進めていきましょう。

1回目に読んでわかりづらかった箇所は、時間をかけて再度読み込みましょう。

③鑑定をしながら再度読む

2回目で熟読したら、3回目に読むときにはその本が本当に伝えたかったことや、筆者の思いなどがわかってくるため、本当の意味で理解できるようになります。

3回目は、自分や家族、友人・知人を鑑定（占い）しながら、さらにメモを取って読み進めるといいでしょう。3回読めば、かなりの部分が理解でき、忘れにくくもなります。仮に忘れたとしても、すぐに思い出せます。

本はこのように繰り返して勉強するとよいでしょう。占いはむずかしい内容を扱うものもありますから、1回読んでわからないと、そのまま読まなくなってしまうこともあります。しかし、3回読まないと本当に理解はできないもの、と頭に入れておけば、少しは我慢できますよね。

初心者的な読み方として多いのは、1回目でいきなり自分を鑑定してしまうことです。私自身もこのような読み方をしていたこともあるので、間違いであったことを反省しながら、その悪い点をお伝えします。

そもそも本を1回読んだだけでは、本当の知識は身についていません。そんな定着していない知識であなた自身を鑑定してしまうことになります。

お客様の立場に立ってみればわかると思うのですが、知識が浅く不正確な占い師に占って欲しいでしょうか。当然、嫌ですよね。それはあなた自身に対しても同じことなのです。

私たちはプロの占い師として準備をしているわけです。あなた自身も大切なお客様のひとりとして正確に占ってあげましょう。

本とネットとの違い

でも、もしかしたらこんなふうに思っている人もいるかもしれません。

「ネットや動画で調べても変わらないんじゃない？」

そこで、ネットと本との違いを説明しましょう。

ネットでは、とても簡単に必要な知識を得ることができます。自分の欲しい情報がたちどころに手に入るからです。しかしながら、その知識だけは不十分なのです。

それには理由が2つあります。ひとつ目は、**占いは知識の背景がとても大切**であるということ。2つ目はその**知識の背景を探ろうとする姿勢や習慣がとても大切**だということです。この2つがそろっていないと、占いをいざ実践するときに困ったことになってしまいます。


占いの鑑定は型どおりのことばかりではありません。イレギュラーなことに適切に対応、対処できるのは本物の知識を持ち、研鑽に努めている占い師だけです。

また、前にお伝えしたとおり、「占いは裏成り」なのです。依頼主の表向きの情報だけに頼っていては本当のことは見えてきません。ネットの情報は、まさに表層の浅い情報なのです。ですから情報の背景を探ろうとする姿勢、習慣を大切にすべきなのです。

だからこそ、本が王道なのです。本書を読まれているあなたは王道を歩いているのです。自信を持ってくださいね。

しかし、本を読むだけではまだダメです。3回目を読みながら、大事な部分はメモを取って「占い自分ノート」をつくってください。そして、その後の実践がとても大事です。

勉強をしても、プロとしてそれをお金に換えられるようになる人は、3割以下というデータがあります。インプットの後のアウトプットがいかに大事か、ということがおわかりいただけるでしょう。

2 占い教室で失敗しないための5つの注意点

前の項目では、占いを本で学ぶ方法を解説しました。でも本で勉強していると、次のような疑問や問題が生じてくるのではないでしょうか。

・本で占いを学んでいると、なかなか理解できないことがある
・本に書いてある内容で実際に鑑定してみると、合わないことがよくある
・そもそも本を読むのが苦手

そんなあなたにおすすめなのが、「占い講座・占い教室」の受講です。

昨今、場所を問わないオンライン上の占い教室も増えてきているなど、占い講座の種類も多様化しています。

「占い講座」については、あなたのご近所で占い教室を探してもいいですし、占いのイベントなどで占い師の方に直接尋ねるのもいいでしょう。また、知人・友人にそういった先生がいないか尋ねてみる方法もあります。

SNSなどでも告知している占い師の先生もいますから、アンテナを張ってこまめに探すこと

です。いろいろな方法で、あなたに合った講座や先生を探してみてくださいね。

ここでは、私の実践経験を踏まえて、オンラインを含めた占い教室で注意すべき5つのポイントをご紹介しましょう。

①講師・師匠について

占いを学ぶ上でまず大事なのが、講師・師匠との相性です。

知人から誘われたり、インターネットで見つけたり、パンフレットを見て行ってみよう！と決断して教室に行ったところ、「何か、この先生とはフィーリングが合わない」と思うことがあると思います。そんなときは、**直感にしたがってやめておく**勇気も必要です。

あなたの大事なお金を使って、未来の仕事の重要な仕入れをするときに、あなた自身の直感を大事にしないと、後々苦しんだり、嫌な思いをすることが出てきます。極端な例では、その先生が嫌いなだけでなく、占いまで嫌いになってしまうこともあります。直感は大事です。

②講座内容・受講料・どんなゴール設定か

次に大事なのは、授業内容です。

占い師は、とくに資格がなくてもなれます。その占い教室が、趣味の人向け、プロ志向の人向けなど、レベルによってきちんとクラスが分けられているかを見ておきましょう。掲示されていない場合は、講師に直接尋ねましょう。

どのくらいの頻度で講座が行なわれているのかも確認しましょう。週1回ペースか、月に1回か2回かなどです。どのくらいの期間学べば、完結するのかもあらかじめ確認しておくといいでしょう。

教室で使われているテキスト、プリントなども判断基準になります。講師手書きのいかにも手抜き感のあるプリントなどがテキストとして使われていたら、講師の実績が乏しかったりするので、敬遠したほうがいいかもしれません。

そして受講料もチェックしましょう。料金設定が曖昧な教室もあるので、そういうところは避けたほうがいいでしょう。また、あまりにも高額な教室（100万円など）は金儲け主義の可能性もあるので、講義内容の質を見ながら判断してください。

アマゾンで3000円くらいで買えるテキストを、10万円の値づけで販売している教室もあると聞いたことがあります。そういったことにも注意してください。

あくまで参考ですが、占い教室のおおよその目安は、

・1レッスン　1～3万円
・頻度　月に1～4回

・入会金　3～5万円
・期間　半年～1年
・目安としては半年～1年で40万～60万円くらい

もちろん、講師や教室によって多少前後します。

悲しいことに詐欺のような占い教室もあるようなので、十分に気をつけてくださいね。

③フォローやサポート体制は十分か

例えば、学んだ後にも相談に乗ってもらえるか、次の授業までにメールなどで質問に答えてもらえるか、講座が終了した後に就職先を紹介してもらえるか。そういったことも確認しておくといいでしょう。

ちなみに、一般的には占い教室は知識や技術を学ぶ場所なので、就職先を紹介してくれるところはかなり稀です。ですから、そんなシステムがある教室は素晴らしいです。

④資格取得の有無

占い教室によっては、独自の資格を取得できる教室もあります。

具体的に例をあげると、「個性心理學研究所®」にはアマチュアコースとプロコースの資格制度があり、修了証明書も発行してくれ、履歴書にも書けるシステムになっています。

先ほどもお伝えしたとおり、占い師には資格がなくてもなれますが、資格を持っていると自分の自信になるという人は、こうしたきちんとした制度がある教室に行くといいかもしれません。

ただし、占い師は資格よりも実践が大事だということを念頭に置いておいてください。

資格を取ってプロとして活躍している人は、私の実感では10％ほどかと思います。ちょっと厳しい数字かもしれませんね。何より**大切なのは資格ではなく実力**です。くれぐれも、資格だけで満足しないようにしてください。

⑤習って終わりではない

独学で本で学ぶのも、教室に通うのも、どちらも根気が必要です。長い期間にわたって、専門性の高い知識を身につけていかなくてはなりません。教室で学んでいるときは授業時間だけで終わりではなく、復習も欠かせません。復習を怠ってしまうとどんどん授業の内容に取り残されてしまいます。その後も継続的な勉強や占いの実践、検証が必要になるでしょう。

占い教室は体系的な知識を教えてくれます。仲間ができてモチベーションを保つこともできます。ですが、教室はあくまで勉強の場であり、それを活用してプロの占い師になれるかどうかはあなたしだいです。

3 家族・友人・知人に協力してもらい、100人検証する

親しい人から始める理由

これまで、本や教室でインプットする方法をお伝えしてきました。さあ、いよいよアウトプット、実践に移りましょう!

占い師として一番初めにお客様になってもらうのは、家族・友人です。親しい同僚やコミュニティの仲間などでもいいでしょう。あなたの身近にいてすぐに連絡できて会える人を、できれば100人、ピックアップしてみてください。

なぜ、家族や友人を最初に占うのがいいかというと、そういった人たちはつき合いが深いため、性格や得意なこと、今までの人生の波などを知っているので、**検証がしやすい**のです。

そして何より、すぐに会って占うことができます。まだ未熟なあなたがおぼつかないようすで占っても、温かい目で見てくれるので、あなた自身もリラックスして占えるでしょう。

プロになると当然、初対面の人を占うことになりますが、慣れるまではとても緊張したり、自

信が持てなかったり、不安に思うことも出てくるでしょう。ですから、まずはあなたの味方をしてくれそうな近しい人を占ってください。

家族が遠方にいてすぐに会えないという人は、電話でもいいでしょう。会わなくても生年月日はわかるでしょうから、それで占うこともできます。

周りの身近な人を占うメリットは他にもあります。今までわからなかった、家族・友人との関係性や、目に見えない力関係なども見えてきて、その人たちとの絆がいっそう深くなることです。

私もかつては父親が苦手でしたが、占いを勉強したことで、「あー、この人はこういう一面もあるんだな」とわかり、関係性もすごくよくなりました。

初心者はここに注意！

こういった**検証を１００人続けると、プロとしてやっていける自信が自然とわいてきます**。

１００人もの友人・知人を占うのがむずかしければ、イベントなどでワンコインで占うのもいいですね。あるいは、SNSなどに「無料占いします」と投稿すると、すぐに人が集まります。芸能人を占うのもいいでしょう。こういった人たちも１００人の中に入れてください。

１００人占うと、そのうちの3人くらいはリピーターになってくれます。１０００人占うと30人のリピーター。この数字を念頭に置いて数をこなしていくといいかもしれません。

また、鑑定後、喜んでくれた知人が知り合いを紹介してくれるケースもたくさんあります。

しかし、初心者のときには注意したいことがひとつあります。**あまりにも重い内容の相談は受けないようにする**ことです。

なぜなら、あなたはまだ一人前になる前のひよこの占い師なので、エネルギー的に十分ではありません。そんな荷が勝ちすぎる重い内容の相談は、とりあえず他の占い師に任せましょう。あなたのエネルギーが吸い取られて、占い自体が嫌になる危険性があります。

しかし、人を占うのはとても楽しいことです。「当たってる〜」「心が軽くなった！　ありがとう」と感謝されると、とてもうれしくなります。

まずは、周りの身近な人たちをあなたの知識で幸せにしてあげましょう。

4 占い師こそマーケティングの基礎知識を知っておくべし

フリーランスには営業力が必要

3章で、所属型占い師とフリーランス型占い師について説明しましたが、所属型占い師としての知識やノウハウは全部、フリーランスとして活躍する上で役立つものです。

もちろん、ずっと所属型占い師をしていてもぜんぜんかまいません。しかし、占い師を続けていくうちに、優秀なあなたなら、きっと所属型ではだんだん窮屈になってきます。

そこで、次のステップがフリーランスとしての独立です。しかし、フリーでやっていくにはマーケティング、つまり営業力が必要になります。

私よりも占いの知識や技術が長けているのに、売上げや知名度（SNS上のフォロワー数）が少ない人もいます。そうした人と私との違いは、営業力・マーケティング力です。私は占いと同じくらい、マーケティングについて勉強しました。もちろん、関わってきた人たちからご指導もいただきました。

せっかく知識や技術が素晴らしく、お客様を幸せにする鑑定をしているのに、それをたくさんの人に広められなかったら、とてももったいないことではないでしょうか。

占い師に限らず、マーケティングのノウハウは他の業種でも使えるので、ぜひ参考にしてくださいね。

まず最初に、あなたがフリーランスとして独立する前に心得ていただきたいことは、**フリーランスは、「占い師兼営業担当」**だということです。

・どうやったら売上げを伸ばせるか?
・どうやったら収入を増やせるか?
・どうやったら、もっと占いのビジネスを成長させることができるか?

ということを考えることです。

売上げを上げる方法、収益を上げる方法はたくさんあります。しかし多くの占い師は、なかなか売上げが上がらず、「やっぱり占いで食べていくのは無理だよね」と諦めムードになったりします。

一方で、一部の占い師は簡単にお客様を獲得し、どんどん紹介をもらい、売上げを2倍3倍と増やしていきます。そう、まるで壁なんかないように……。

占い師の仕事の中心はお客様

ジリ貧の占い師とどんどん売上げを伸ばす占い師。いったい何が違うのでしょうか?

上手くいっている先輩占い師や成長企業の経営者の話によると、売れない原因はその人の考え方に大きな間違いがあるからです。

その間違いのせいで、本当はもっと簡単に売上げを上げる方法があるのに、それが見えなくなっているのです。

その間違いとは、**「フリーランスの占い師はマーケッターである」という認識を持っていない**ことです。

ジリ貧の占い師は、自分の仕事は占いだと思っています。それは間違いです。フリーランスとして活躍している占い師は、そうではありません。「マーケッターとして占いを商品にしている」というのが正しいのです。

占い師として食べていくためには、占いは仕事の中心ではないのです。市場でヒット商品が常に入れ替わっているのを見ても、これは明らかでしょう。ソニーの中心商品は今、ウォークマンですか? そうじゃないですよね。

仕事の中心になるのはお客様です。**お客様を獲得して必要なときにリピートしていただく**のがマーケッターとしての仕事なのです。ですから占い師もマーケッターなのです。

占い師が、「自分のビジネスの中心は占いである」と捉えてしまっていると、どうしても限界ができてしまいます。まず第一に、売れない商品を切ることができません。売れないというのは、お客様から受け入れられていない結果なのですが、その事実を認められないので不毛な努力を繰り返してしまうことになります。

一方、マーケッターは違います。マーケッターは売れない商品はすぐに切り捨てます。売れないキャンペーンはすぐに終わり。売れない広告は即中止。なぜなら、マーケッターにとって中心はお客様だからです。

占いはお客様を獲得するための商品

占いは、お客様を獲得するためのツールにすぎません。

占いを占い師の仕事の中心だと考えていると、どうしても占いのことしか考えられなくなります。占いという枠の外の考え、アイデアを実行することが困難になります。

自分は占い師だと言う人の多くは、業界の常識や一般的なやり方に、ただしたがっているのです。しかし、厳しい言い方をすると、業界の常識や一般的なやり方に盲従するのは、失敗の確率を高めるもっとも確実な方法です。なぜなら業界のほとんどの人は、大した成果を上げられていないからです。

「右へならえ」で、同じようなことしかやらなかったら、同じような結果か、それ以下の結果しか出ないのです。

私たちは多数派は正しいと思い込みがちです。では、なぜ占い師として成功しているのは常に少数派なのでしょう？　結論は簡単です。少数派が正しいのです。**ビジネスの世界では少数派が常に正しい**。少数派が常に勝つ。

あなたはこれからは占い師であり、マーケッターです。お客様を獲得するためには、人間の行動心理を知らなければなりません。

5 お客様獲得とお客様維持の重要性

いきなり商品を売り込まない

占い師にとってマーケティングがいかに大事か、おわかりいただけたかと思います。

でも、「占いが好きで占い師になったのに、なぜそんなことまでしなければいけないの？」と不満の声が出てきそうですね。ですが、マーケティングをないがしろにしてしまうと、実際問題、占い師、つまりプロでやっていくことは厳しいのが現実です。

ではここからは、具体的にどうしたら占い師として、マーケティングのノウハウを取り入れたやり方でプロとしてやっていけるのかをお伝えしていきます。

マーケティングにはある方程式があります。

商品企画×集客×営業×成約率＝売上げ

会社であれば、商品企画部、広報部、営業部、経理部など様々な部署があり、それぞれ業務分担がされていることでしょう。しかし私たち占い師は、すべてをひとりでこなさなければなりません。

マーケティングの大事な要素は次の2つです。

①新規のお客様の獲得

②お客様の維持（お客様に自分の商品がどういうものか、そして自分がどんな人間なのかを知ってもらって信頼関係をつくる）

新人の占い師としては、まずは友人・知人にお客様になってもらうことから始めますが、それには限界があります。ここがひとつの壁です。

私は会社員時代、自動車販売会社の営業職として車を販売していました。自分で言うのもなんですが、全国表彰を何度も受けるほど、いい成績でした。そのころの経験が占い師として独立するときにかなり役に立ちました。

そのころから心がけていたのは、「**いきなり商品を売り込まない**」ことです。

SNSで新規のお客様を獲得する

占い師になって私は、まずは自分を知ってもらうきっかけをつくるために、お客様が知りたそうな情報やためになる記事をSNSで配信しました。ある程度、私の商品内容・占術や考え方、人間性をわかってくれたら、お客様は自然と鑑定を受けてくれます。また鑑定後、満足度が高ければリピートしてくれ、新規のお客様を紹介までしてくれます。

私は、これだけ普及しているSNSを利用しないのは本当にもったいないと思うので、新規のお客様獲得、お客様維持に活用しています。

私が使っているSNSツールは、以下のものです。

①新規のお客様獲得（インスタグラム、Facebookページ、ブログ&ホームページ）
②お客様維持（LINE公式アカウント、ブログ）
③販売（LINE公式アカウント）

新規のお客様獲得ツールとしては、TwitterやYouTube、TikTokなどもいいかもしれません。ただ、こうしたSNSはユーザーの属性（主に使っている年齢や性別）がありますから、そうした点を考慮して活用すべきでしょう。

SNSは自分の好きなツールを使ってください。アドバイスとしては、何でもかんでもしすぎないことです。SNSツールも3つまでに絞ることをすすめします。

私は主にインスタグラムで新規のお客様獲得をしています。どのように活用しているのかというと、「個性心理學®（動物キャラ占い）」の内容、「九星気学風水の星別解説」、動物キャラ別の性格を載せています。そこから「無料占いします（今は手がまわらなくなり、やめていますが）」

と、まずは私からギブをして、LINE公式アカウントへの登録を誘導するステップにしています。LINE公式アカウントに登録してくださるのは、占いに対して一般の人よりも興味が強い人です。

信頼関係ができればお客様が動いてくれる

次はお客様維持です。

お客様の維持は、不特定多数の人に送るSNSよりも、メルマガ、LINE公式アカウントといった個別性のある手段のほうがいいでしょう。私はLINE公式アカウントを活用しています。なぜならメールよりも開封される割合が高く、女性には相性がいいツールだと判断しているからです。

メルマガやLINE公式アカウントは、「あなたと私」といったパーソナルなメディアです。私のLINE公式アカウントに登録してくださった方には、SNSには書かない濃い内容の情報や、ためになる情報を1週間から10日に1回ほど配信しています。

配信情報は、あなたが鑑定をしたい、一緒に仕事をしたいと思うような人物や、理想のお客様をイメージしてメッセージをつくることが大事です。そうした情報を発信することで、興味を持って読んでくださり、ファンになってくださる方が生まれます。

お客様維持のポイントは**信頼関係を構築する**ことです。信頼関係ができれば、あとはお客様がいいタイミングでこちらが出す商品を買ってくださったり、鑑定の依頼を連絡してくださいます。つまり、過度な売り込みをしなくてもお客様のほうから買ってもらえるようになります。

新規のお客様獲得、お客様維持の実際のやり方や配信内容については、私のインスタグラム、LINE公式アカウントを参考にしてください（最後のページにQRコードを載せています）。

たまにLINE公式アカウントで、お友だち登録をしたのにすぐにブロックする人もいますが、それは気にしなくてかまいません。あなたのお客様ではなかったということです。

「私のLINE公式アカウントを読めなくなるなんて、もったいない」「私が大切にしている価値観に合うお客様ではなかったのだな」と考えればいいのです。そうした人を鑑定することになれば、お互いに不幸になってしまいますからね。しかも、LINEはブロック数の多いアカウントのほうが、売上げが上がると言われています。

しかし、もしかしたら、「パソコンは苦手」という人もいるかもしれません。そういう人は、スマホだけで完結する手段を使っても大丈夫です。ですが、これからITスキルはますます欠かせません。何よりフリーランスで占いをしていくには、あなたのアピールを自動化できる技術を知っておくことが必須になります。あなたが占いに集中するためにも、ITの知識の習得は大事です。

ぜひ苦手と思わず、ITスキルの習得に挑戦してください。私もITは苦手でしたが、今では普通に使えるようになりました。やろうとすれば誰でもできます。

6 新規のお客様獲得に有効な2つの方法

ここで他の占い師がしていない、ちょっと変わった新規のお客様獲得の方法を具体的にご紹介しましょう。

①芸能人の旬のネタを占い、ＳＮＳでシェアする

とくに女性は、芸能人のゴシップ話やテレビのワイドショーが大好物ですよね。

ポイントは「芸能人の知名度をお借りする」ということです。そのときの旬の話題、例えば芸能人の結婚、離婚、受賞、逮捕などなど、起きた現象の裏づけをします。

ここで一番使えるのは「命術」でしょう。芸能人の生年月日はネットで検索するとすぐに出てくるので、調べやすいからです。

誰かと誰かが結婚したら、そのカップルの相性を観る。そして今後の2人の人生の運勢をＳＮＳに書く。その際に、芸能人の名前などにハッシュタグをつけておくと、検索に引っかかりやすく、見てもらう確率が上がります。

著名人を占うのは、占い師の鑑定スキルが問われます。そして着眼点もそれぞれ占い師によって違うので、自分のオリジナル鑑定がしやすいと言えます。

ＳＮＳを検索した人はあなたが書いた鑑定結果を見て、具体的にどんな鑑定をしてくれるのか想像することにもメリットがあります。

最初は自信がなくても、勇気を出して鑑定してみましょう。占うのは自分が好きな芸能人でもスポーツ選手でも、著名人であれば誰でもかまいません。忙しくなってきたらあまり占えなくなるので、最初はたくさんの芸能人を占って、効果的なハッシュタグを考え、あなたのＳＮＳアカウントの注目度を上げましょう。

占い師は目立ったほうがいいので、ＳＮＳを有効に使いましょう。

②イベントに占い師として参加し、その後異業種の人とコラボする

最近では働き方も多様化してきて、ママ起業家やフリーランスとして活躍する人もたくさん出てくるようになりました。

私が一番最初に占い師としてデビューしたのは、あるパーソナルトレーナーの方のスタジオで、占いイベントに参加させてもらったときです。

そこは本当にこじんまりとしたスタジオでしたが、会員さんや地域の人、Facebook のお友だちなどがたくさん集まっていて、そこで私が出会った方は5年たった今でも、お客様として定期的に鑑定を受けに来てくださいます。

いろいろなご縁があるので、占い師になったばかりのときは、とにかく誘われたら断らず、チャンスをつかんで欲しいと思います。まったく人脈やきっかけがないという人は、近くで行なわれるイベントやマルシェにアンテナを張っておくことです。

そういったイベントを見つけたら、まずお客として参加し、実際に出店している人にどうすれば出店できるのかを聞いたり、主催者を紹介してもらうといいでしょう。

イベントに出店して、占い師として活躍できるようになれば、次々と断りたくなるくらいオファーがきます。占いは人気があるので、同じイベントに出店している人とはすぐに友だちになれるでしょう。そうした出店仲間とコラボするのも人脈を広げるいい方法です。

私の場合で言えば、

・アクセサリー作家の方とラッキーカラーピアスのコラボ商品を企画
・イベンターの方と組んで占い合コンを主催

など、他の占い師があまりしていないような、エンターテインメント性の高いイベントを行ないました。

「占い師＝鑑定のみ」というのでは、もったいないと私は思います。せっかく身につけたあなたの知識を、いろいろな分野で活用して欲しいと思います。

2つほど新規のお客様を獲得する方法をご紹介しましたが、あなたのアイデアしだいで、他にもいろいろな方法があるはずです。

こうして出会ったお客様がリピーターになり、さらに新規客を紹介してくださるお客様にもなるので、しっかり囲い込み(LINE公式アカウントやメルマガに登録してもらう)をしてください。出会いをその場だけで終わらせるのは非常にもったいないことです。私の場合は、「プレゼントもありますのでぜひ登録してくださいね」とLINE公式アカウントに誘導して、日々の開運情報を配信しています。

ここはお客様獲得の最初のステップなので、次につなげられるようにしてくださいね。

7 お客様維持の効果的な方法

新規のお客様を獲得した後は、お客様維持です。

お客様維持には、LINE公式アカウントやメルマガなどでお客様のためになる情報を配信したり、「運気の鑑定書」のプレゼントなどを打ち出すのもいいでしょう。

そして大事なのが、出会ったお客様とのご縁をむだにしないことです。

そこで、新規に出会ったお客様にリピートしていただいたり、さらにお客様を紹介していただくために私が実行していることを記してみましょう。

まだ鑑定は受けたことがないけれど、LINE公式アカウントやメルマガに登録してくださった見込み客の方の鑑定への誘導の仕方も、合わせてご紹介しましょう。

まずは何より、鑑定のときに親身になってお客様の話をしっかりと聞き、共感し、今まで頑張ってきたことをほめること。これは必須条件です。鑑定時に「この占い師さん、感じがいいな」と思ってもらえないと、リピートも紹介もないでしょう。

【お試し価格を期間限定で打ち出す】

自分の鑑定がどんな感じか知らない見込み客の方のためには、お試し価格を用意します。例えば、1時間1万円が通常の鑑定料だったとします。それを期間限定（2週間〜1ヵ月）で格安な3000〜5000円で受けられるチケットを配信するのです。ポイントは期間限定にすることです。理由は2つあります。まず期限がないと、お客様はいつでもいいかと思い、行動を起こしてくれません。結果としてチケット自体の存在が忘れられてしまいます。

2つ目の理由は、あなたのブランドを保つためです。期限なく安売りをしてしまうと、あなたの占いの価値も安く見られてしまいます。ですから、期限が重要なのです。

安易な値下げは劇薬なので、くれぐれも注意してください。

次に、鑑定を受けてくださったお客様への継続策です。

【紹介特典を用意しておく】

一度鑑定を受けてくださったお客様にお友だちを紹介していただくために、紹介してくださった方には次回鑑定時の割引や延長10分サービスなどを特典としてプレゼントしましょう。そして紹介された方には、鑑定書や開運グッズなどをプレゼントするのもいいでしょう。

紹介者の顔を立てることはとても大切ですし、感謝の気持ちを示すことを普通に実行していると、さらなる紹介もしていただけます。
そして最後に、多くのお客様の信頼を得る方法です。

【お客様の声を集める】

鑑定後はお客様の声を集めることも大事です。

鑑定後に、お客様にその後の経過を聞くのもいいですし、LINE公式アカウントでアンケートを取ったり、「お客様の声をお寄せくださった方には今月の運勢カルテをプレゼントします」と感想を募るのもいいでしょう。ＳＮＳなどで鑑定の感想を投稿してもらうのもいい方法です。

そして、それをまとめて、ブログなどに「お客様の生の声」として載せます。ただ、占いには本人が隠したい悩みなどもあるので、慎重に行なう配慮も必要です。

ライトな悩みを持っている人や、もっと人生をよくしたいと考えている向上心旺盛な人には、「お客様の声」は十分効果があります。なぜなら、口コミの伝播力や信頼度は非常に高く、「お客様の声」には同様の効果が期待できるからです。

「口コミ情報が実際の商品購入にどの程度影響を与えるか」を調査したところ、「口コミが気になる人」が全体の８割を占めるというデータもあるくらいです。

占いで「長く」「安定的に」「低コスト」でやっていくためには口コミ、紹介の魔力は絶大です。

5章

リピーター続出！
売らない占い師
6つのメンタル術

1 占い師として悩んだときの5つのアクション

悩みの構造

占いを仕事にしていると、様々な悩みを持ったお客様が来られます。

・恋愛の悩み
・家庭の悩み
・仕事やお金の悩み
・職場の人間関係の悩み

どれも深刻で、お客様にとっては一大事です。私たち占い師はそういった、その人にとって重大な悩みを聞き、共感するとともにアドバイスをしないといけません。

しかし、お客様と同様に、私たち占い師も同じ人間です。どうしようもないことに悩んだり、苦しんだりすることもあります。ある程度の悩みなら、占い師は占いで解決できるので、一般の人よりは問題解決能力は高いかもしれません。でも宇宙は、私たち占い師にさらに様々な課題を与えます。

なぜかと言うと、宇宙は私たち占い師にもっと問題解決能力を養って欲しいと願っているからです。ですから占い師は多くの試練を克服し、もっともっとレベルアップしなければなりません。

そもそも悩みとは、現在の自分のレベルを超えている事柄が発生していることが原因です。そのために、私たち人間は思い悩んでしまうのです。この構造を念頭に置いていただければ、悩みに対しての見方が大きく変わるはずです。そして、悩みをきっかけに自分自身をレベルアップさせることも可能です。

レベルアップの土台になるのは自分自身の精神状態です。別の言い方をすれば、メンタルのコントロールが必要です。占い師がしょっちゅう精神的に不安定では、仕事にも影響が出ます。

自分でメンタルを正常に保つためには訓練も必要です。そこで日頃から私が実行しているメンタルを安定させる5つの習慣をお伝えします。

①何でも話せる身近な相談相手を見つけておく

私の場合、普段、悩んだときは母や主人に相談します。そこで80％くらいの悩みは解決できます。しかし、解決できないあとの20％のときは、占い師の方に意見を聞きに行きます。

あなたも日頃から何でも話せて、その話をしっかり聞いてくれる、絶対的安心感のある相談相手をひとりでいいので見つけておいてください。なぜなら自分が幸せでないと、人を幸せにできないからです。まず自分の悩みを解決する手段が必要です。

よく、「占い師をしていると、悩みなんてないでしょう」と言われることがありますが、悩みは人生をステップアップするときには必ず現われるものです。なので尽きることはないのです。

②他の占い師に相談する

さらなるレベルアップに立ち向かうべく、本当に悩んだときは、他の占い師の方の占いを受けに行ってください。客観的にあなたを観てくれると同時に、あなたの勉強にもなります。

自分が行なっている占術以外の、別ジャンルの占いを受けるのがおすすめです。まったく違った視点から観てもらえるので、新鮮な発見があります。

私も最近ではあまり行かなくなりましたが、占い師になりたてのころは、よく行きつけの占い師の方にお世話になっていました。

③自然に触れる

私たち人間も自然の一部です。ビーチ、森林、滝といった豊かな自然の中に足を運ぶと、力をもらえるのは何も偶然ではありません。言い換えれば、自然は地球上でもっとも強力な薬であるとも言えるでしょう。

自然に触れることで、心臓や肺の健康につながり、ストレスホルモンが低下する。頭がすっきりし、集中力と肯定的な感情が高まる。脳の疲労が減少し、冷静でいられるようになる……自然にはこういった様々な素晴らしい効果があるのです。

④お風呂にゆっくり浸かる

毎日お風呂に浸かるだけで、健康、メンタル面で3つの効果があります。

・浄化効果

体が温まって疲れがとれ、浄化されます。私はバスソルトと呼ばれる入浴剤をよく使います。このバスソルトは塩が成分として入っていて、さらに浄化の効果があります。

・水圧作用

お風呂では水圧を受けるので、足に溜まった血液が押し戻され、心臓の働きが活発化されて血液の循環がよくなります。全身の血行がよくなって体が気持ちよくなり、精神的にも安定します。

・浮力作用

プールや海に浸かると体が浮くように、お風呂でも体が浮きます。お風呂に浸かっているときは、体重が9分の1くらいになるそうです。お風呂で浮力を受けると、普段、体重を支えている筋肉や関節が緊張から解放され、脳への刺激も緩和されます。見えない体の負担を軽減することにより、心も解放されていきます。

⑤瞑想を取り入れる

私たち占い師は知識労働者です。いつも頭はフル回転の状態です。

そこで、効果的なのが瞑想です。瞑想は最近では、マインドフルネスと呼ばれたりします。やり方については、動画や私が使っているオススメアプリ「Relook」などもあるので、参考にしてください。

瞑想することによって、認知コントロール力、感情コントロール力、プラス思考、思いやり、ストレスレベルなどにおいて優れた数値が出ることが検証されています。そして瞑想には、うつ病や不眠、不安などを緩和する効果もあると言われています。私たち占い師は日課として取り入れてもいいくらいです。

私は、最初は雑念が入り、瞑想が上手くできなかったのですが、ファスティング（断食）道場に行き、僧侶の方に教授していただいてできるようになりました。

瞑想することで余計なことを考えなくなり、メンタルのブレもなくなります。

2 エネルギーを消耗するマイナスの人とは会わない

人と会うとエネルギーを消耗する

個人的な話になりますが、私は人とお会いするのが大好きです。そうした志向もあって、会社に入るときには営業職を志望しました。ですが、占い師になってからは考え方を見直す必要があるように思え、今の私は少し変わりつつあります。

理由は2つあります。ひとつは私たちのエネルギーには限りがあること。もうひとつは、一部に私とは相容れないマイナスのエネルギーを持つ人がいることです。

ありがたいことに占い師になると、多くの人から興味を持ってもらえます。私自身の経験で言えば、初対面で「占い師です」と自己紹介すると、「私も占って欲しい!」とほぼ90%の人が言うくらいです。

そこで心したいのが、**「会う人は選ぶべし」**ということです。

私も占い師になって最初の1年くらいは、人から誘われれば断らず、いろいろな人たちとお会いしていました。もちろん、かつての友人・知人たちとも、積極的に占い師になったことをアピールしながら、頻繁に会うことを心がけていました。

しかし、そのころにたくさんの失敗を経験し、騙されたり、逆恨みをされたことがありました。今では、ほとんど限られた人としか、お会いすることはありません。なぜなら、私を必要としてくださるお客様に、**エネルギー満タンの状態でお会いしたい**からです。

占いはとてもエネルギーを使います。悩みを抱えているお客様はマイナスエネルギーを持っています。それを私たちは受け止めて、浄化してあげなくてはならないのです。

そんなお客様のために、不必要にエネルギーを消耗するわけにはいきませんよね。ですから、エネルギーを吸い取る人との交流は最小限に抑えましょう。あなた自身を守るためだけでなく、お客様に満足していただくためです。

仕事がないときは、占いの勉強、心理学の勉強、もしくは自分を癒すためにマッサージやエステに行きましょう。ときには旅行に行ったり、おいしいものを食べたり、家でまったり映画を観たりして、エネルギーを充実させましょう。

このエネルギーというのは、目に見えない分、なおざりにしがちです。しかし、自分が思っている以上に、人に会うとエネルギーを消耗します。

マイナスエネルギーは怖い

ここで、どうして人と会うと疲れてしまうのかを解説しましょう。

まず、私たち占い師は、「悩みを聞いてくれる人」という周囲の認識が少なからずあります。それはそうですよね。それを職業としているのですから。

そんな私たちのもとには、何も考えずに近寄ってくる人がいます。私も経験しましたが、「愚痴や悪口が好きな人種」です。

そういう人たちと一緒にいると、ひどく疲れます。そういった人たちの輪の中に入ると、そこに渦巻いている怒りに似たマイナスエネルギーが、自分の内側にあるエネルギーと共鳴しないのでひどく疲れます。

1のマイナスエネルギーは、プラスエネルギーが7くらいないと消せないほど強いと、心理学の研究結果にもあるくらい、マイナスエネルギーはとても怖いエネルギーです。

鑑定以外で、こういったマイナスエネルギーをもらわないようにしましょうね。

そして、次にエネルギーを消耗する原因は、「自分が犠牲になる」ことです。

占い師になりたいと思ったあなたは、少なからず人の痛みがわかる、優しい人です。人への貢献意識が高いのです。これはとても素晴らしいことなのですが、気をつけておかなくてはならないことがあります。それは、あなたのことをいいように利用しようとする人がいることです。

こういった人は鋭い嗅覚を持っているので、自分が楽をしたいとか、人によく見られたいとか、優越感を味わいたいといった私利私欲のためにあなたを利用しようとします。あなたの優しさを巧みに利用して、あなたを犠牲にして何かメリットを得ようとします。

本人はあなたを利用しているという自覚はないのかもしれませんが、こういった人は結構いますから、気をつけましょう。こうした相手とは会わないのがベストです。

目に見えないものほど、あなたが思っている以上に大事だということを念頭に置いておいてくださいね。

あなたの大切なお客様、未来のお客様のためにも、エネルギーは大切に使いましょう。

3 お客様の本音の探り方、向き合い方とは？

自尊心という心のバリアー

私が占い師になりたてのころの話です。私はお客様が話されることはみんな真実だと思い、すべてを受け止めていました。

かつて、会社で営業職をしていたときには様々なお客様と接してきましたから、お客様と話をすること自体には慣れていました。しかしながら、占いでお客様の話をすべて受け入れるとなるとむずかしい部分が生じてきます。

というのは、人は誰でも自尊心を持っているということです。このことを私たちは念頭に置いておかなければなりません。そして、注意しなければならないのが、**自尊心はとても弱くてもろいということです。**

その自尊心を保つために、人は自分に都合のいいように話したり、あるいは都合の悪いことは隠そうとします。これが、占いという仕事する上で困難さを生み出す原因になります。

ですから、自尊心というバリアーを破って、その**お客様の言葉の背後にある真実を探り当てようとする姿勢**こそが、腕のいい占い師とそうでない占い師を分ける違いになってきます。

例えば、お客様が話してくださった内容と明らかに違う占いの結果が出ることがあります。これをどう解釈すればいいかという問題に直面します。

お客様と答えを一緒に探す姿勢

実際にあった事例をご紹介しましょう。お客様をAさんとします。

Aさんは夫婦関係が冷え込んでしまっており、セックスレスになっていました。この状態をどうにかしたいとご相談に来られました。

彼女によると、夫とは話し合いの場を持っているものの、肝心の理由を話してくれないとのことでした。ところが私が占ったところ、何とAさん自身に理由があるとの結果が出たのです。

さて、先ほどの自尊心の話になりますが、この事実を突きつければ、彼女の自尊心は傷ついてしまいます。するとどうなるでしょうか。彼女は反発し､心を開いてくれなくなってしまいます。

そこで私は、このようにお聞きしました。

「もしかして、ご自身の中で断捨離、言うなれば整理をつけなくてはならないと感じられていることはありませんか？」

ここでのポイントは、**自分で答えを探してもらう**ということです。彼女自身もこの問題を何とか解決したいので、このように問いかけることで必死に考えてくださいます。

すると、彼女はこんなことを言われました。

「それって人の断捨離もでしょうか？」

すかさず私は答えました。

「はい、それも立派な断捨離です」

彼女は本音を話してくださいました。実は占いには、彼女が不倫をしていると出ていたのです。当然ですが、他人に自分の失敗や恥ずかしい部分を明かすのはとても勇気がいります。ですから相手の自尊心を尊重しながら、答えを一緒に探していくといった姿勢が大変重要になります。

彼女は次のように明かしてくれました。

「実は縁を切りたい、おつき合いをしている男性がいます」

このように、人は自分の都合の悪いことは隠してしまいがちなので、真実がわからなくなってしまうことが占いではたびたび起こります。

一般的に、多くの嘘は人をおとしめるために意識的に使われます。ですが、こうした**自尊心を守るための嘘は無意識に使われる**ものです。意図しているものではありません。

私たち人間は弱い生き物です。ですから、自尊心の奥にある本音の部分をすくいとってあげることが、占い師の役目として大変重要になります。本音である真実をもとに、相談に来られた方のためにアドバイスする力量が求められます。

解決できない問題との向き合い方

また、人生には抗《あらが》うことのできない問題が数多くあるものです。

なぜ、私たちは「苦しむ」のでしょうか。「苦しみ」とは、どうにもならないことをどうにかしようとすることによって生じるのです。これは宇宙の法則です。

お客様の相談の中には、解決できないこともあります。例えば、末期ガンの患者の死を医師が止めることはできません。これと同じようなことが私たちの身にも起こります。

そんなときでも、私たち占い師は何とかしたいと思うことでしょう。そして、それができなかったとき、「私はお客様を救うことができなかった」と落ち込むかもしれません。

しかし、あくまで**お客様の人生の所有者はお客様自身**です。

自分の人生を変えていくことも、困難にぶつかって立ち直ることも。

私たち占い師の仕事はそうした方々に寄り添うことです。人それぞれ人生を変える力も、立ち直る力も持っているのです。そうした人の本来の力を無視して、その人の人生を変えるとか、救うとか言うのは、おこがましいとは思いませんか。

ここは、きちんと線引きをしておかなければなりません。さもなければお客様も不幸ですし、あなた自身も精神を病むなど不幸に陥ってしまいます。

どうすることもできない事象はそのまま受け入れ、相談に来られたお客様を励ましたり、お話を聞いてあげたり、共感して寄り添ってあげましょう。そうするだけでもお客様の心は軽くなります。

どうにもならない苦しみからお客様を救うことができず、落ち込むようなことは、熱心に頑張っている占い師ほど起こりやすいものです。

ぜひ、そうしたときの占い師のあり方を頭に入れておいてくださいね。

4 FBIのネゴシエーター流交渉術を応用する

「お客様と接するときに大事なのは共感と安心感」と聞くと、「そんなことはわかってる。話を聞いてあげて共感すればいいんでしょ？」と思われるかもしれません。

では、この「共感」と「安心感」には、順番とコツがあることをご存じでしょうか？

誰でもわかっていそうなことですが、意外と正しく実行できている人は少ないものです。

ここでは、実際にアメリカFBIの超一流のネゴシエーターが新人教育で教えている、犯罪者を説得するための心理学を使った交渉術をお伝えします。

私たち占い師の鑑定結果に疑問を持たれるお客様も一部にはいらっしゃいます。鑑定結果に疑問を持たれるのは、次の3つのポイントを押さえていないことが原因かもしれません。

①傾聴

これが一番大事です。3つの中の一番初めで、ここで70%ほど時間を費やさなければならないくらい、大事な最初の対応です。とくに初対面の人であれば、短時間でラポール（信頼関係）を築かなければなりません。ラポールについては後ほど説明しますが、いい関係性を築くことができなければ、素直に鑑定結果を聞き入れてもらえなくなってしまいます。

傾聴とはシンプルに言ってしまえば、「**お客様の話をよく聞く**」ということです。ですが、ただ聞けばいいというものではありません。お客様が「自分の話を占い師がきちんと聞いてくれている」と思わないと傾聴にはなりません。

傾聴にも、気をつけるべきことと順番が4つあります。

1　口出し・反論・評価は禁止

「それはこうですか?」「それは違いますよね?」「これって、こうですよね?」なども禁止です。

2　短く、定期的にいいタイミングでうなずく

お客様が息継ぎをしたときや、こちらの目を見たときがうなずくタイミングですので、すかさず相槌を打ちましょう。

3　まとめる

お客様が相談内容についてある程度話し終わったら、お客様が言ったことを短くまとめてあげてください。「なるほど、こういう意味ですね」「要するに~ですね」と完璧にまとめないで、「~という意味で合っていますか?」という感じでお伺いを立てるように柔らかくまとめてください。

そうするとお客様は、「この占い師さん、私の気持ち、わかってくれている」と思い、どんどん具体的な内容を話してくれます。

4　手短な質問を繰り返す

大事なのは、「ちゃんとあなたの話を聞いていますよ」という印象をお客様に与えることです。

そこでポイントになるのは、**お客様に小さな質問をする**ことです。

お客様が質問して欲しいことを見分けるにはコツがあります。人は聞いて欲しいと思う内容はもったいぶります。声のトーンが落ちたり、話すスピードがゆっくりになったり、説明が増えたりします。こういった、質問をして欲しいというシグナルを見逃さないようにしましょう。

以上が傾聴です。傾聴だけでもていねいにやるのとそうでないのとでは、信頼度もリピート率も変わってきます。

②共感

傾聴がしっかりできたら、次は共感です。

お客様にとっては、自分が感じている感情こそが正義です。そこを念頭に置き、お客様が抱いた感情はどんなものだっただろうと自分なりに想像・推測し、言葉にしてください。

例えば、お客様が「ムカついた」とおっしゃったとしましょう。そこで私たちは、「それはプライドが傷ついたでしょう」「それは信頼されていないと思いますよね?」と言葉を言い換えるといいのです。

ここでNGなのは、「でも～ですよね?」などと**お客様を否定する**ことです。

自分がお客様の立場だったら、と同じ環境に身を置いて考えるのです。そのためにはお客様に様々な質問をして、その環境がイメージできるようにしてください。

細かく、どんな人が周りにいたのか？　どこでそういった出来事が起きたのか？　傷つけた相手はどんな人なのか？　そういったことをくわしく聞くことによって、お客様の遭遇した出来事が想像しやすくなり、共感力が一気に上がります。

③ラポール

ラポールとは、「心が通い合っている」「どんなことでも打ち明けられる」「言ったことが十分に理解されている」と感じられる心のつながりです。

ラポールができていると、お客様はこちらの共感にお返しをしてくれます。

「そうなんですよ。～だったんですよね」などと、こちらが共感したことに対して返事をしてくださるのです。

以上の3つのプロセスをへてから、鑑定結果をお伝えしてください。

5 売上げばかりが気になるときに知って欲しいこと・やって欲しいこと

占いの繁忙期と閑散期

前にも言いましたが、占い師には繁忙期と閑散期があります。

季節的に11～2月は寒い時期ですよね。寒い時期にはあらゆることが停滞したり、鈍ってしまうため、お客様も悩みや困難を抱えがちです。そうしたときは、お客様が私たちのサポートを必要とする時期と言えるでしょう。

その後の3、4月は新たなスタート時期や引っ越しシーズンであり、相談も多めです。ですから、11月から4月くらいが繁忙期になります。

それ以外の5～10月までは閑散期になります。

私がこの繁忙期と閑散期を実感できるようになったのは、占い師になって3年目くらいからです。初めは年中、閑散期でした。このまま占い師としてやっていけるのだろうかという不安もあり、ネットでものを売ったり、副業をしていました。ここで言いたいことは、占い師としてのキャリアにも段階があるということです。占い師のキャリア全体を俯瞰したときに、繁忙期、閑散期を把握できるようになれば、安定期に入りつつあるのです。

その上で、占い師だけではない複業・副業の選択肢を考えておくべきです。占いを専業としていないことが悪いわけではありません。様々な仕事をすることで人脈も広がりますし、仕事や人としての悩みなどを理解することにもつながります。

占い師として周りの人たちに認知されるようになって、リピーターがつき、紹介が増えるようになると、やっと繁忙期を実感できるようになるでしょう。でも、閑散期もあります。

そこで、私なりにどう閑散期を過ごしたらいいかをご紹介しましょう。まずは、気持ちの持ち方です。閑散期は新商品を出してもイベントに出店しても、お客様の反応が薄いときです。そんなときには、売上げが……と焦ってしまうかもしれません。

そのためにも、繁忙期にもっともエネルギーを注げるように、**閑散期は充電にあてる**といったローテーションを心得ておくといいかもしれません。占いでは運勢を観ますよね？　いつもいいことばかりではないことを、あなたも頭ではおわかりだと思います。

農作物が1日で収穫できないように、人生にも「開墾期」「発芽期」「成長期」「開花期」「収穫期」の5段階があります。

閑散期は「開墾期」から「成長期」の段階にあたります。ここでどう畑を耕し、どう種をまき、どう手入れをするかで、「開花期」や「収穫期」の状態が変わってきます。落ち込んだり、不安になる暇などありません。大きな事業の変化の前には、人は必ず「止まる」ということが必要になります。この「止まる時期」には以下のことをするといいでしょう。

①占いの勉強をする、新しい占術を学ぶ

繁忙期になると、どうしても目の前の鑑定に一所懸命になり、新しく何かを学ぶことは不可能になります。占いは体は動かさないものの、かなりエネルギーを使い、消耗します。

ですから、閑散期のときに学んでみたいことや、今の自分自身の占術を深掘りしてアップデートするために時間を使いましょう。

②新しい商品のアイデアを考える

「占い師＝鑑定」とばかり思っていませんか？　私のブログをご覧になっていただければわかると思いますが、私は鑑定をしているだけではありません。占いオンラインサロンを開いたり、占い講座を開催したり、パワーストーンブレスレットを販売したり、吉方位カレンダーをつくったり、宝くじ鑑定をしたり……占いを使って様々な商品を出しています。

これは全部、閑散期に思いついたものです。繁忙期になると、悩んでいる人や、新たなスタートを切りたい人が過去の私のブログを見てくださり、商品が忘れたころに売れます。

これが、SNSやブログを発信しておくべき理由です。自分自身が動かなくても、私の代わりにネットで営業をかけてくれるのです。放置していても収入をもたらしてくれるわけです。

③今までのお客様をフォローする

私は、今まで鑑定をさせていただいたり、お客様を紹介してくださった方に、ときどき「お元気ですか?」と連絡を取ります。手紙を送るのもいいかもしれません。余裕があるときであれば、お茶やランチをご一緒するのもいいですし、思い切ってお茶会やランチ会、飲み会などを催すのもいいでしょう。

今は、時代の流れで、会いに行ける芸能人や芸人などが人気です。閑散期にこそ、ファンの方と交流しましょう。

「でも、前の章で〝むだに人と会うべきではない〟と書いていませんでした?」という声が聞こえてきそうですね。ですが、今までに出会ったお客様や新規のお客様を紹介してくださる方は、あなたにとって決してむだな人ではありません。むしろ神様です。

こういった方には、閑散期にしかできないあなたなりのファンサービスを確立すれば、さらにファンを呼び込んだり、新商品を買っていただけるきっかけになります。

④SNSやブログをいつもより時間をかけてていねいに発信する

SNSやブログをよりていねいにお届けすること。これこそ閑散期に意識するべきことです。何と言っても今はネット、SNSの時代です。SNSやブログは先ほどもお伝えしたとおり、あなたの代わりに商品、サービスを売ってきてくれる営業パーソンです。この子たちをしっかり育成し、育てることが必要です。

ですから、時間がたっぷりあるときに、SNSやブログにていねいに投稿しましょう。時間があるときだからこそできるプレゼント企画など、種まきをするのもおすすめです。

⑤映画をたくさん観て、本をたくさん読む

絵や映画を観ること、本を読むことは、感性を磨き、センスを身につける効果があります。とくに恋愛映画やドラマは、登場人物の感情の機微を知り、推理する能力が身につきます。占いは女性の割合が多いので、こうした作品を観ておくと、鑑定のときに大いに役立ちます。また感動して涙すると、副交感神経が優位になり、ストレス発散効果もあります。

心理学の本、自己啓発本やマーケティングの知識を身につけられるビジネス書を読むことも重

要です。時間やエネルギーがない繁忙期には頭が働かないので、本を読む気にすらなりません。だからこそ、閑散期に積極的に知性を磨きましょう。

⑥好きなことをする

当然ですが、好きなこと、楽しいことをしている人は若々しく、活力に満ちています。逆に、毎日を鬱々と過ごしている人は元気がありません。

どちらの人がお客様から魅力的に映るでしょうか？　どちらの人のほうが、お客様に気持ちよく時間を過ごしていただけるでしょうか？

答えは明らかですよね。ですから閑散期には、あなた自身の好きなこと、楽しいことに時間を費やしましょう。何でもいいのです。

私は旅行に行くことで満たされますし、最近ではファスティング（断食）の道場に行って、断食をしたりしています。好きなアーティストのライブに行くのもいいでしょう。気の許せる友人と食事や飲みに行くのもいいかもしれません。

あなたらしく過ごせる時間をしっかりと確保して、あなたという容れ物をプラスの波動で満たしましょう。お客様にもそれが波及します。自分の波動が上がれば、それをたくさんの人と分かち合うことができるでしょう。

6 中小企業の経営者はキーパーソン！

成長している占い師は影響力のある人物の信頼を得ている

私が占い師歴5年という経歴で、専業として活動し、本書のような書籍を出版できたのには秘密があります。それは、中小企業の経営者といった影響力のある方たちと仕事をさせていただいてきたからに他なりません。

自分で会社を興し、経営し、社員やその家族を食べさせている責任のある地位にいる方たちは、多くの苦難や困難を乗り越えてこられた百戦錬磨の人物ぞろいです。私が幸運だったのは、こうした人物との出会いに恵まれたことです。

私のお客様には社長という肩書きの方がおよそ3割いらっしゃいます。そうした方たちの助言や指導のおかげでこの本を出版する運びとなりました。

広く占い師業界を見渡したときに、急激に成長している占い師、成果を上げている占い師は、こうした影響力のある人物から信頼を得ているという事実があります。中小企業の経営者の方たちは、あなたをワンランク上げてくれるキーパーソンと認識してもいいかもしれません。

そもそも、中小企業の経営者の方は孤独です。

まず、簡単に自分の悩みを人に相談できません。いくら会社の業績が悪化していても、それを社員や家族には見せられません。自身の経営いかんによっては、社員や家族を路頭に迷わせてしまうかもしれません。

社長業というのは重大な責務を背負っていると同時に孤独なのです。経営の針路に対して、ひとりで悩みを抱えている経営者の方は少なからずいらっしゃいます。誰もがよく知る大企業の経営者が、専属の占い師と相談の上で意思決定を下しているというのも事実です。

占い師だから乗れる経営者の相談ごと

経営者の方の悩みは、当事者ならではの問題もありますし、専門性の高いことも多いので、私も慎重に敏感に対応しています。

中小企業の経営者は自分で会社を興すバイタリティのある方たちですから、人生経験も豊富ですし、普通の人が経験しないような山や谷も乗り越えてきています。こうした方たちだからこそ、**目に見えない力を信じているの**です。信じているから人には出せない結果を出しているのだと私は思います。

そんな方たちと接していつも思うのが、占い師をしていてよかったということです。貴重なお話を伺いながら、しかもお金をいただいて相談してもらえます。

例えば……従業員との接し方、今後の仕事の方針、新サービスを発表する時期、新しく会社をつくるのに適した時期、出張の吉方位、事務所移転の吉凶、ビジネスパートナーとの相性やつき合い方、個人の恋愛相談……などなど。

様々なジャンルの会社の社長とお話をすることで、私もとても勉強になります。

そして、このような方は人脈も豊富ですから、同じような経営者の方を紹介してくださいます。そこから影響力ある方たちとのつながりがどんどん広がっていきます。

会社員時代を振り返ってみれば、年収数千万円から億と稼ぐ方とお話をできる機会などありませんでした。ですが、今はそんな方たちともおつき合いさせていただいています。経営している会社の商品・サービスについての最新知識や事例（マーケティング、美容、投資など）を共有させていただけることもあります。

通常ならば、お金を払わなくてはならないような話を好意で教えていただくことも多いものです。これは何も私だけでなく、占い師という仕事を誠実に行なっていることで起こるものでもあります。

もちろん、会社の経営者だからといって、えこひいきする必要はありません。

鑑定に毎回30分以上遅刻したり、完全非公開の商品をＳＮＳで公開してしまったり、人としてつき合えないと判断したときには、私は鑑定もお断りしています。

フリーランスの占い師はお客様を選択することもできるので、自分が惨めになるような人とは無理におつき合いしなくてもいいのです。

しかし、そのような非常識な人はほんの一部で、ほとんどの方は占いを通して、あなたもお客様も幸せの連鎖反応が起こる間柄になれると思います。

6章

占い師になると直面する壁と乗り越え方

1 お金をいただけるようになるまでに私が苦労したこと

アマチュアからプロへの壁

占いを勉強し、100人の人を無料で鑑定しているときは、とても楽しい日々です。みなさんが自分に興味を持ってくれ、鑑定した後は感謝されます。

アマチュアであれば、楽しんで感謝されれば十分ですが、プロになるにはひとつの壁を乗り越えなければなりません。それは、アマチュアからプロ、つまりお金の問題です。

無料であれば、ほとんどの人が鑑定して欲しいと言ってくれますが、お金を取るとなった瞬間から、離れていく人は必ずいます。考えられる理由としては、次のようなことがあります。

・無料であれば占って欲しい
・お金を払ってまで相談する悩みではない
・占いの価値に気づいていない

私も当然、お金をいただけるようになるまでには、何度もつらい経験をしました。当時はほとんどのお客様が友人・知人の紹介で、鑑定料の話をすると、「じゃあ、いいや」と言って離れていく人たちに毎回ショックを受けていました。

・まだ、自分の能力はアマチュアレベルなんだ
・占い師としてプロでやっていくのは、無理かもしれない
・しょせん、私の価値なんてこんなものなんだ

と悲観的になっていました。

イベントを主催して自分を売り出す

そこで考え出したアイデアが、「イベントの企画・主催」です。

占いをコンセプトとしたイベントを主催したり運営することによって、私のことを知ってもらおうと考えたのです。何よりイベントを通して初めて知り合うお客様は、私のことを「プロの占い師」と認識して関係をスタートします。

ですから、料金をもらって鑑定をする状況が自然にできます。

私の当時の鉄板イベントは、「動物キャラナビ合コン」でした。

合コンの前に、簡単に「個性心理學®（動物キャラ占い）」についてレクチャーして、参加者は自分の鑑定書を持って、話のネタにしてもらうという趣向です。各人には鑑定で出た動物のシー

ルを胸に貼っていただき、相性のいい順に席を決めて座ってもらう。私は順に参加者のテーブルをまわり、ゲリラ的に鑑定をして、占いに興味を持っていただく……。

そんな少し変わった合コンを毎月のように開催していました。占いで自分のこともわかり、出会いもあるお得な合コンということで、大好評でした。

友人・知人に対しても、「鑑定しない？」と声をかけるよりも、「合コンするから、ぜひおいでよ」と誘うほうが心理的にも楽ですし、何より反応がよく感謝してもらえます。

他にも、「動物キャラナビランチ会」や「動物キャラナビ女子会」といった、相性のいい「占いと女性」を結びつけたイベントを企画・運営して喜んでいただきました。

個性心理學®は動物キャラ占いでイメージしやすく、絵も可愛らしく親しみやすいので、私の一番の占術として今も活用しています。


イベントを成功させるコツは、誰かとコラボすることです。自分ひとりで集客するのは本当に大変です。以前に同様の趣旨やコンセプトで参加していただいた方を再度お誘いするのは気がひけますし、事実、反応も薄いものです。

そこで、友人・知人が多くいる同年代の人や少し年下の人、イベントを仕事にしている人たちとコラボすることが、イベントを盛り上げます。

しかし、こうしたイベントの収益性はほとんどないと考えてください。労力や費やす時間に対して割に合わないと思うかもしれませんが、あくまで**自分自身を知ってもらうためのプロモーション活動**として捉えることが重要です。

イベント自体では収益がなくても、その後お客様が困ったときに思い出してくれたり、別のお客様を紹介してくださることにもつながって、やがては収益に結びついていくでしょう。

とくに友人・知人から鑑定料をもらうことに心理的な抵抗がある人は、イベント戦略はとても有効です。

イベント自体とても楽しいものですから、自分自身も楽しんで取り組むことができるでしょう。

2 お客様のマイナスエネルギーをもらうと自分まで疲弊する

占い師はお客様に感染されやすい

占い師をしていると、深い悩みを持ったお客様が来られるケースが多々あります。悩みのレベルは様々ですが、占い師に観てもらいに来るくらいなので、自分ではどうにもできない悩みなのでしょう。

私も占い師になりたてのころは、お客様と会うたびにとても疲れてしまって、次の日は1日中寝込むこともありました。これはどういうことかというと、悩みの深いお客様のマイナスエネルギーをもらい、自分まで疲弊してしまうのですね。

エネルギーというものは、目には見えません。さらにマイナスエネルギーは、あなたが思っている以上に人にダメージを与えます。その浄化の方法を知らずに、安い金額でたくさんの人を鑑定していると、消耗してしまいます。

こういったことは、新米の占い師にはよく見られることです。マイナスエネルギーをもらいやすい人は次のような特徴があります。

・優しい人
・感受性が豊かな人
・面倒見がいい人
・自分の軸が弱い人

これは、占い師になる人の特徴としても多くの部分で重なります。

占い師と心理カウンセラー、精神科医には共通点がありますよね。実はうつ病の人が一番多い職業は「精神科医」と言われているのをご存じですか？　精神科医は常にうつ病の患者さんと向き合っています。すると、しだいに感染してしまうのです。

患者さんの感情が伝染することは、科学的に実証されています。カリフォルニア大学の政治学者の研究で、感情は人から人へ伝染することがわかっています。

この状況は私たち占い師にかなり似ています。お客様のマイナスエネルギーを常にもらっていると、しだいに心が落ち込んでいくのも無理はありません。

そこで大事なのが、浄化です。お客様の目に見えないマイナスエネルギーを受けて自分のエネルギーが汚れた状態になったら、その日のうちに汚れを取らないと、積もり積もって病んでしまうことになります。

ここでは、マイナスエネルギーの予防法をお伝えします。鑑定時の準備として、また鑑定後、「疲れたなあ」と感じたら、これからお伝えすることをぜひ実行していただき、マイナスエネルギーを受けても除去できる体質になりましょう。

①鑑定時にできる邪気よけ

1　首の後ろを守るためにアクセサリーを身に着ける

邪気は首の後ろから入ってきます。しかし、邪気には「光りもの」に弱いという特徴があります。ですから鑑定時には、光るネックレス、ピアス、イヤリングなどのアクセサリー、もしくはスカーフを身につけると邪気が入ってくるのを防ぐことができます。

2　パワーストーンを身に着ける

パワーストーンは、石によっていろいろな効果があります。とくにおすすめなのが、浄化の作用が強い「水晶」です。他にも邪気を寄せつけないオニキスなど、いろいろな石があるので、試してみて自分に合ったパワーストーンを身に着けてください。

私はネックレス、イヤリング、ブレスレットのすべてのアイテムを持っていて、そのときのラッキーカラーとの組み合わせなどで、身に着けるものを決めています。

ここで、欠かさずにして欲しいのが、パワーストーンの浄化です。満月の日には必ず月光浴をさせ、日々の生活では水晶さざれの上に置いてください。

3　感情移入しすぎない

邪気やマイナスエネルギーは優しい人を好みます。とくに心が病んでいたり、落ち込んでいるときには感染しやすいと言えます。

そこで気をつけたいのが、お客様に感情移入しすぎないことです。

「え？　それって冷たくないですか？」という声が聞こえてきそうですが、プロの占い師としての経験があればあるほど、このことを意識しています。

鑑定時にある程度、共感することはもちろん必要です。しかし、自分まで感情的になって落ち込んでしまえば、お客様に対してもっとも重要な鑑定が冷静にできないばかりか、こちらが邪気やマイナスエネルギーをもらってしまいます。

人生の課題をクリアするのは、お客様自身です。占い師は共感はしても、その人になりきるまで感情移入するのは控えましょう。そうすることでお客様を客観的に観ることができ、アドバイスの質も変わります。

②鑑定後にするべき邪気払い

1　塩入りのお風呂に浸かる

前にもお伝えしましたが、湯船に浸かるのはとても効果的です。さらに邪気を浄化するには浴槽に「塩」を入れることをおすすめします。一番いいのは粗塩です。盛り塩と同じ効果が期待できます。香りも楽しみたい人は、バスソルトなどもいいでしょう。いい香りに癒され、リラックス状態になれば、マイナスエネルギーも逃げていきます。

2　お香を焚く

お香を焚くのは、煙が邪気を吸ってくれるということで、昔から儀式に使われています。ポイントは、マイナスエネルギーを受けた次の日の朝、玄関でお香を焚き、邪気を煙と一緒に外に追い出すことです。煙が邪気を吸っても、外に出さなければ邪気は居続けます。玄関や窓を開けてお香を焚きましょう。

3　花（生花）を飾る

花は生きたエネルギーに満ちた素晴らしい存在です。ですから部屋自体のエネルギーのバロメーターとしてもいいでしょう。というのは、よい気で満ちた部屋であれば、花は活気がありますが、邪気が多い部屋ではすぐに枯れてしまうのです。

ぜひ、花を飾る習慣をつけましょう。その際に気をつけるべきことは、「生花」を飾ることです。ドライフラワーではすでに枯れているので効果がありません。

4　シーツ、枕カバーを交換する

実は邪気や悪い気は、私たちが寝ている間に放出されます。ですからシーツや枕カバーは邪気を一番吸い取っているのです。疲れた日ほど注意が必要です。何せ「疲れている＝憑かれている」わけですから。

そのような日の翌日には、邪気を払うためにシーツや枕カバーを洗濯したり、新しいものに交換することをおすすめします。よい気や運は寝ている間に育つので、寝具を清潔にして就寝することによって運が育ちやすい環境も整います。

なお、シーツや枕カバーといった寝具は、1年おきに新調することをおすすめします。

3 フリーランス型占い師がお客様が取れない時期は

占い師には所属型占い師とフリーランス型占い師がいる、と前にお伝えしました。

所属型占い師であれば所属先が集客してくれるので、お客様の心配はいらないかもしれません。

そこでここからは、フリーランス型占い師がデビューしたばかりの時期に焦点を当てたいと思います。そう、この時期にはどうやってお客様を獲得するかについて思い悩んでしまうものです。前にも少し触れましたが、大事なところなのでもう一度、私の経験をもとに解説します。

①出会いの場に行く

とにかく100人占う見習いの期間を終了し、さてプロの占い師としてスタートしようと意気込んでいるときに、最初の壁が立ちはだかります。それは、「お客様をどうやって獲得すればいいのだろう?」ということです。

あなたも毎日、SNSなどで情報を発信していると思います。しかし、それだけではうまくいかないことに気づくと思います。やはり、ネットのようなオンラインの出会いよりも、オフライン（対面）での出会いに人は信頼を抱くものです。

私の感覚ですが、対面で知り合った人とSNSなどで知り合った人では、占いや講座のお客様になるまでの時間に差ができます。3～6ヵ月くらいの差が生じると考えていいでしょう。

対面で知り合った人とは直接的なコミュニケーションが取れますから、関係性を築きやすいのです。一方で、SNSといったネットを通じて知り合った人は、直接的にコミュニケーションを取れるわけではありません。あくまでテキスト（文章）などを通じてのコミュニケーションなので、関係性が築けるまでに時間がかかってしまうのです。

そこで、すぐにお客様を獲得しようと考えたら、**お客様と出会える場に積極的に足を運ぶ**必要があります。具体的に言うと、「お客様になりそうな人が興味・関心が高そうなイベント」「友人・知人に紹介された飲み会」「女子会」など。個人的にはあまりおすすめしませんが、異業種交流会に参加するのも勉強としてはいいでしょう。

積極的にそうした出会いの場に足を運ぶことが、最初のステップになります。

②そこで出会った人に、どんな仕事をしているかを聞く

次に、出会いの場で知り合った人に、どんな仕事をされているか尋ねてみてください。

ここで大事なのが、質問攻めになりすぎないように、相手の人に話してもらうことです。

相手の人が7割、自分が3割くらいのスタンスでいましょう。

人は、自分の話をしたい生きものです。よっぽど人見知りの人でなければ、相手の人にたくさん話してもらい、適度に相槌を打ち、共感していい気分になってもらいましょう。

③「誰か、興味がある人がいたら紹介しますね」と伝える

相手の人と話をしていく中で、打ち解け合う関係性が築けてきたと思えたら、次のステップです。今度は、こちらから魔法のフレーズを投げかけましょう。

「○○さんは、何かお困りごとはありませんか。もし私の周りに誰か相談に乗ってくれそうな人がいたら紹介させていただきますね」

というものです。

仕事であれプライベートであれ、相手の人に喜んでもらうことが鍵です。あなたと一緒にいることで、プラスになることを理解してもらう必要があるのです。

そのためには、相手の困っていることを解決するための情報が必要です。

例えば、その人の仕事やプライベートで、どんな人が有益かといった情報。どういった方法でそういった人に連絡したり、コンタクトすればいいか……などなど。あなたが相手に対して興味・関心を持って質問をすれば、相手もまた、あなたに興味・関心を持って質問を返してくれるよう

になります。

私自身、今まで様々な人たちとご縁をつないだことによって、相手の人に感謝していただき、まわりまわって、お客様を紹介していただけるようになりました。

こうしたことは、占い師という立場以前に、相手の人に信頼してもらうために大事なことです。元営業ウーマンだったからこそのノウハウかもしれません。

④つき合うべきお客様、避けるべきお客様とは？

私が営業をしているころに教わったことに、次のようなことがあります。

売れる営業マンとそうでない営業マンの違いは、「本当に商品・サービスを買う気があるお客様かどうか、見分けられるか否か」だということです。

ここでのポイントは、**これから本当に信頼関係を築ける相手かどうか、見分けることが大事**だということ。今後あなたと協力関係ができ、ともに繁栄できる人物なのか、それとも、あなたから（意識しているかどうかにかかわらず）搾取することしか考えておらず、衰退させられる人物なのか、見分ける力が必要だということです。

常識的な人であれば、あなたが③のように協力や援助の姿勢を示せば、自分ばかりがいい思いをして申しわけないという心理になります（心理学では「返報性の原理」と呼ばれます）。そうであれば今度は、こちらの仕事の内容に興味・関心を抱いて、話を聞いてくれるでしょう。

こうした過程を踏んでいけば、相手の人はあなたのキーパーソン、あるいはいいお客様になってくれるはずです。

一方、こうした人とは反対の考え方や行動をする人がいます。具体的には後述しますが、一例を紹介すると、出会ってすぐに無料で占って欲しいと言う人がいます。

こうした人への賢い対応の仕方は、無料で占うのではなく、「自分のLINE公式アカウントやメルマガに登録していただけたら、特典でお試し占いをします」と応対するといいでしょう。このように対応することで、そうした人をかわしながら、上手く選別することができます。

自分が何かしてもらうことしか考えていない人は、こうしたやりとりだけで満足しますし、その場での関係性を壊すこともありません。

ちなみに、そうした人はこちらに誰かを紹介するなどという考えは浮かばないでしょうし、たぶんあなたの占いにもまったく興味がない人なので、深いつき合いになることはないでしょう。

4 鑑定料を払わない人がいる

フリーランス型占い師に起こるトラブル

占い師をしていると、本当に様々なお客様との出会いがあります。職種も年齢も様々、女性が約9割ではありますが、男性のお客様もいらっしゃいます。

先ほどネガティブな相談をお持ちのお客様について少し触れましたが、ネガティブな悩みを抱えている人の中には、あるいは心を病んでいるのではないかと思われる人も若干います。

そうした人とは、私たちにとって当たり前と思われるような意思疎通がむずかしい場合もあります。例えば、商品やサービスを購入したり、契約をしたら、その代金を支払うのは当たり前のことです。しかし、それをしない人がいるのです。

占い師は、こうした金銭に関するトラブルが起きやすいと言えます。

対面鑑定ではそういったケースは稀ですが、対面でない場合にはしばしば問題が起こります。

例えば、電話、インターネット上のビデオ通話（Zoom やスカイプ）、メール（もしくは LINE）といった鑑定のケースです。

これはフリーランスの場合で、所属型占い師は違います。占い会社は前金制度になっていて、代金をもらえないということはほとんどありません。

しかし、フリーランス型占い師には、これが悲しくもよく起こるのです。

私もかつて経験しました。まだ占い師になりたてのころ、インスタグラムで私をハッシュタグによる検索機能で見つけた人が、ダイレクトメッセージで「鑑定をお願いしたい」と依頼してきました。

まだ占い師になったばかりで、お客様もあまりいなかった私は喜んでお受けし、LINE電話を使って鑑定させていただきました。

そのときは鑑定が無事に終わり、お客様も「心が楽になった！」と喜んでいました。鑑定終了時に代金の振込先をお伝えし、お客様も「お支払いしますね」と言ったにもかかわらず、1週間たっても振込みがありません……。

当時の私にとって催促するのはとても勇気がいったのですが、思い切ってLINEしました。

「○○さん、あれからいかがお過ごしですか？　恐れ入りますが、先日の鑑定料のお振込みがまだ確認できないのですが、もしかして本日、お振込みされたのでしょうか？」

すると、お客様からは、

「すみません、ちょっとバタバタしていまして、まだ銀行に行けていません。今週中には振込みます」

と返事が来ました。

そこで私は、お忙しいのならしょうがないか、と甘い考えで待つことにしました。

それでも1週間たってもまだ振込みがない。また催促をするのは気が引けたのですが、

「その後いかがお過ごしでしょうか？　何かお困りのことがございましたら、お気軽にご相談くださいね」

と挨拶代わりのLINEをしました。しかし一向に既読になりません。後でわかったのですが、ブロックされ、アカウントも変えられていました。

鑑定料を支払わないような人は不幸になる

最初はショックでしたが、今ではいい勉強になったと思っています。それ以降は、電話やメール占いでは、トラブル防止のために必ず前金制にするように徹底しました。

お客様の側に立てば、ネットを介して知らない人にお金を支払うということに抵抗や不安を感じることもあるでしょう。実際にオンライン上で私のことを知り、鑑定の依頼をしてくださる人の一部には、前金制であることをお伝えすると、返事が来なくなる人もいます。

ですが、それがお互いのためにもいいのです。

あなたがこうしたメリット・デメリットを十分に承知した上で鑑定するのであれば、必ずしも前金制にしなくてもいいと思います。ただ私は先ほどの経験から、対面ではない鑑定の際には前金制にすることをおすすめします。

もしかするとひとつの障壁になるかもしれませんが、大前提として明朗会計であることがお互いの利益になることを忘れないでください。ネットでものを買うときにも、先に代金を支払ってから、後日商品が送られてきますよね。占いの前金制も、何も間違ったことではありません。

また、知っておいて欲しいのは、こうした鑑定料を支払ってくれないような人は、幸せになれないということです。

鑑定と代金の支払いはエネルギーの交換です。呼吸と同じです。吸うばかりで吐かなかったらどうなるか？　窒息しますよね。そういう人は、誰に対してもそういったことをするので、まわりまわって（「因果の法則」として）不幸になります。

これはまた「鏡の法則」で、自分が発した言葉、行なった行動はそのまま別の形で自分に返ってくるのです。

5 友人・知人の「タダで占って!」オーラ

報酬を受け取ったほうが相手のためになる

これは、占い師になると99%の人が体験することだと思います。

プロの占い師になる最終の勉強として、「100人無料で占いましょう」と前に言いました。その無料で占った人の中には、プロとしてデビュー以降も、次のセリフのように、あなたをまだアマチュア扱いする人がいます。

「今、ちょっと悩みごとがあるから、占い師になったあの子に無料で相談に乗ってもらおうかな!」

占いというのは目に見えないものですし、プロであっても友人である占い師は、友だちに悩みを相談する感覚で軽く見られがちなのです。私も最初はそういう人でも喜んで相談に乗っていたのですが、とても疲れてしまって、後から、大分エネルギーを使っていたことに気づきました。

後になってのことですが、怖い事実もわかりました。自分では何も与えず、無料で占ってもらうのを当たり前のように思っている人は、後に必ず不幸になっているのです。ですから、相手の人を本当に守りたいと思うのであれば、きちんと報酬を受け取ったほうがいいのです。

真の友だちはあなたを心から応援してくれる人

こういった問題でとても悩むのが、昔お世話になった人。

これもある程度自分の中で、「ここまでは無料で占う」みたいな基準を決めておくことをおすすめします。占いをしていると、頼られることがとても多くなるので、全部聞いていたら身が持ちません。ここまでは無料で答えるけれど、それ以上の要求をされたら、

「もしよかったら鑑定を受けませんか？　○時間○円です」

といった形で鑑定料を支払ってもらうように誘導しましょう。そこで身を引くような人でしたら、それはそれでいいと思います。

占い師になって実感するのは、自分からお金を払って占い師としての活動を応援してくれる人こそ、真の友人ではないかということです。

例えば、あなたの友だちがカフェをオープンしたとします。いくら友だちだからといって、「ランチ無料にしてよ」とは言いませんよね。むしろ、どうせランチに行くのなら、友だちのお店の売上げに貢献してあげたいと思いますよね。

それと同じで、真の友だちとはあなたを心から応援してくれる人で、「無料で占って」なんて言わない人です。

「無料で占って」と言う人

ランチなら材料費や場所代がかかっているので、「お金を出さなくては悪い」と思う人でも、占いとなると「経費や材料費なんてかかってないよね」と思いがちで、実際、悲しいことに、そういった認識の人が多いのも事実です。

さらに「相談に乗るだけでお金を取るなんて詐欺師だ！」といったような、心ないことを思ったり言ったりする人もいます。

こういった人にエネルギーを奪われないように、きちんとポリシーを持ちましょう。

あなたも占いの勉強をして、プロになろうとしているのならわかると思うのですが、プロの占い師として独り立ちできるようになるまでには莫大な労力と時間、そしてお金がかかります。とくに時間はお金よりも尊いもので、占いのプロになるには、カフェをオープンして経営するのと同じくらい、もしかしたらそれ以上のエネルギーや時間がかかるかもしれません。

カフェの経営が簡単だと言っているのではありません。プロの占い師も同じくらい苦労しているので、友だちからお金をいただくのも当然だと言いたいのです。

そして、もうひとつ気をつけたいのが、デビュー後に突然、友だちや知人からくる「お茶しない？　ランチしない？」といった、たわいもないお誘いです。

こういった人たちは、会話の中でちょこちょこ占いのことを聞いてきます。

「私は今年、何か気をつけることある？」「あの人と私、相性どうかしら？」

私の場合、ご無沙汰の友だちから急に連絡がきて、「今、すごく悩んでるんだけど、友だちとして占ってくれない？」と言ってきました。

通常なら友だちでも、「鑑定料を払うから占って！」と言うべきなのですが、友だちなんだから「無料で占って」というスタンスです。

こうした姿勢は、今後、友だちづき合いができるかどうかのいいバロメーターになるので、ぜひ心しておいてください。

6 鑑定後のフォローアップは無料？

友だち感覚の継続相談

お客様から鑑定の予約をいただき、無事に鑑定もすみ、お客様も満足して笑顔で帰られたのに、後からこんな連絡がくることがときどきあります。

「すみません。先日占っていただいた件なのですが……」

自分も占ってよかったなと思ってから数日過ぎたころです。あるいは、先日の相談内容とまったく関係のない別の相談が気軽に持ち込まれることもあります。

フリーランスで活動していると、直接お客様とメッセージのやりとりになります。この気軽さが、ときどき私たち占い師を苦しめることがあります。

私の体験を例にして解説していきましょう。

ある20代の男性が悩みがあるということで、お客様の紹介で私のところに鑑定の依頼がありました。お名前をA君としましょう。

A君は、マッチングアプリで知り合った、5歳年下のきれいな女性とおつき合いしていました。しかし、「なかなか会ってくれない」というのがA君の悩みで、どうしたらいいのかという相談です。

私は彼女のことも占って、彼女の好きそうなことや行動傾向をお伝えしました。あまり長文だと読まないタイプで女王様気質。いろいろな男性からアプローチされたいと思っていること、などなど。

運気をもとに、その日にLINEを送ったら返事がきますよ、と日取りもアドバイスしました。鑑定をひととおり終え、安心したようすのA君は、「ありがとうございました。頑張ってみます！」と言い、帰っていきました。

A君はとても優しい青年で、彼女への思いは一途でした。しかし、それから毎日のように、まるで友だちにLINEを送るかのように私に連絡してきます。

「あっこさん（私の占い師名）、彼女にLINEを送って1回は返事がきたのですが、それからは1ヵ月くらい返事がこなくてつらいです」

「彼女がマッチングアプリで、他の男性を募集しているのを見てしまい、とても気分が落ち込んでいます」

「彼女に嫌われそうな気がして不安なのですが、またLINEを送ってもいいでしょうか?」

彼女にかまってもらえない寂しさをぶつけるかのようにLINEがきます。

最初は返信していましたが、私も他のお客様のことがあるのでしだいにきつくなり、

「いつもご連絡ありがとうございます。今後はご相談がありましたら、1件○○円でLINEでもご相談に乗らせていただきますね」

と、やんわり鑑定料を請求すると伝えました。すると、

「あ、すみません。ついつい話しやすくていろいろ送ってしまいました。今後は気をつけます」

と返事がきて以来、パタリと連絡がこなくなりました。

お客様とは適度な距離感で

このようにお客様が、気軽にすぐに相談に乗ってくれると思ってくださるのは、占い師にとってはよくもあり、悪くもあります。

お客様からすれば、心を許して相談できる相手として私のことを捉えているのかもしれません。しかも本人は、あくまで送っている内容は相談といったものではなくて、些細な報告と考えているのかもしれません。

こういう場合は、**鑑定後のフォローアップについてのご案内を整理しておくこと**が大切になり

ます。例えば、

「鑑定の内容であれば、今後の質問は3往復まで無料でお答えします」

など、ルールを決めておくことです。また、別の悩みのときには鑑定料を新たにいただかなくてはならないからです。

私の場合、例えば、引っ越しの吉方位鑑定をしたときには、後日「この物件でいいか？」などの問い合わせについては、本人が決めるまでご質問に答えさせていただいています。

ここでつくづく思うのが、お客様との「適度な距離感」についてです。占い師としてはお客様という認識でも、お客様のほうでは、占い師を友だちと認識していることが少なくありません。そこで一線を画す必要があります。

少しオーバーかもしれませんが、占い師は人気商売でもありますから、ちょっとした有名人くらいの認識で、お客様との距離を適度に取っていきましょう。

お客様とはある程度の距離感がないと、いろいろと自分が苦しむことになります。

7 「あなたの占いが外れた」と言われる前の予防法

占い師の伝え方の要点とは

占いに来られるお客様の多くは、占い師に対して次のような期待をお持ちです。

・悩みを聞いて欲しい
・励まして欲しい。今までの頑張りをほめて欲しい
・どうしたらよくなるか、今後のアドバイスが欲しい

大なり小なりはありますが、ほとんどはこの3つに集約されるのではないでしょうか。

彼や彼女たちお客様に共通しているのは、〝今後の指針〟について知りたいということです。そこで大切なのが、お客様に、**占い師が示す今後の指針に違和感を抱きにくくする**ことです。

「いい占い師とは当たる占い師」と思っているかもしれませんが、そうではなく、いい占い師とはこうしたポイントを上手に押さえている人です。では、どうすればお客様に違和感を感じにくくさせられるのでしょうか。これには心理的な要素が大いにあります。

もちろん、その人自身が持つ運勢などは、宇宙の法則にしたがって決められていることです。しかし、その**伝え方が大事**なのです。占い師が告げるメッセージや言葉によってお客様は、よくも悪くもそれにしたがって行動するようになるからです。

というのは、占い師のような人物から「あなたはこうなりますよ」と言われると、人はその内容を潜在意識にインプットします。すると、潜在意識に刷り込まれた内容に向かって自動的に行動を始めるようになっていくのです。

ですから、あなたはその伝え方に気をつけなければなりません。いくら占いで悪い暗示が出ていたとしても、お客様にストレートに伝えるのは感心しません。

救いになる言葉、釘を刺す言葉を加える

占い師としては、「あなたは大丈夫、きっとよくなりますよ」と励ますことを忘れないでください。割合としては、「**励ますこと8割、気をつけること2割**」くらいがちょうどいいでしょう。

そして、鑑定後のフォローが大切です。その理由は、人は励ましてくれたり、ほめてくれたり、労ってくれたりする人のことを責めない心理を持っているからです。

占いや鑑定が外れたとお客様にクレームをつけられたり、不満を訴えられるのは、**占い師の鑑定時の伝え方に問題がある**のではないかと私は思います。

占い師にとって共感、励まし、労いの言葉はとても大事です。このことを意識することによって、相手のクレームや不満を減らすだけでなく、お客様の望む状態や未来への行動につながっていくのです。

そしてもうひとつ大事なことは、「**お客様の行ないや考え方しだいで大丈夫ですよ**」とお伝えすることです。

例えば、お客様の来年の運勢として、「試練の年になる」という鑑定が出たとしましょう。そういうときは、

「気をつけるべきこととして、人間関係では、相手を傷つけそうな発言にはとくに注意してください。後で倍返しであなたに何かが起こる可能性があります」

と伝えた後に、

「ですが、気をつけていれば、試練の年も何事もなく終わります」

というように、「あなたの行ないや考え方で未来は変わっていく」と伝えるのです。

逆に、「来年のお客様はとても運勢がいい」という鑑定が出たとしましょう。そんなときは、後で「占い師はいい年になると言ったが、何もいいことはなかったし、逆に災難があった」とならないように、あらかじめ念を押しておくのです。

「来年は運がよくなると聞くと、ただ待っていればいいことが起こると思われるかもしれませ

んが、それは違います。チャンスや幸運は自分でつかみ取る、あるいはつくるものです。何もせずに待っていたらそのまま何もなく終わる可能性があります。

そして、運気がいいからといって、人に不義理なことをしてはいけません。運がいいときも悪いときも、人にはていねいに接しましょう」

といったように諭しておくことです。

お客様を教育する、というのはおこがましいですが、**人としての当たり前の道理をお伝えする**ことは大切です。道理を伝えることによって、鑑定の結果も、人のせいにするのではなく、自分自身の責任として認識していただけるのです。

占い師はときには母のように寄り添い、教えてあげることがとても大事です。〝当たり前〟のことを教えてくれる人が最近はあまりいないので、慕われるきっかけにもなります。

7章

活躍している占い師さんにインタビューする

最後に、私が常日頃お世話になっている、尊敬してやまない3名の占い師さんに、占い師として働くスタイルや経験談、ご自身の考え方や価値観を取材させていただきましたので、ご紹介します。みなさんの参考になれば幸いです。

それぞれタイプが違った占い師さんなので、あなたが共感できる方の考え方やご意見を参考にされるのもとてもいいことだと思います。興味があれば、鑑定や講座などを受けられるのもいいかと思います。

占い師を目指すみなさんの指針となればと思い、それぞれの占い師さんに次のような質問をさせていただきました。

①占い師になったきっかけは？
②占術は？
③占い師歴は？
④占い師としての勤務時間は？
⑤集客方法・集客ツールは？
⑥お客様維持・リピーターにするための努力は？
⑦鑑定時に気をつけていること、モットーは？
⑧鑑定時に困ったことは？
⑨厄介なお客様への対処法は？
⑩占い師としてのやりがいは？
⑪鑑定、講座体系（料金、時間）は？
⑫お客様は月に何人くらい？

山下 祐世（やました ゆうせい）先生

薬剤師をしながら副業で占い師をされているという、心と体をトータルでケアされている異色の占い師さんです。

私も、漢方についてのアドバイスなどをいただき、いつもとてもお世話になっています。

薬膳料理店のメニューの監修などもされています。

山下祐世先生へのインタビュー

①占い師になったきっかけは？

いつもは調剤薬局で保険薬剤師として勤務しているわけですが、漢方薬を的確に患者さんに提案できる、漢方薬のスペシャリストになりたいと思ったことがすべての始まりです。

漢方を突き詰めるとなると、古い文献や専門書を自分で読み解いていく必要があるので、膨大な資料を読み、漢方薬について深く学んできました。

漢方薬について深く研究していった結果、「陰陽五行論」にたどり着き、お客様に漢方、人間の体、運気の流れ等を説明することもあります。

なかでも、紀元前の中国・春秋戦国時代に生まれた自然哲学である「陰陽思想」のシンプルな理論をわかりやすく体系化した「九星気学風水」という学問は、学んでいて非常に楽しく感じました。

陰陽思想の根幹を説明するのはとてもむずかしいのですが、「九星気学風水」に置き換えるとお客様にも説明しやすく、自分自身の知識を深めるのと同時に、周囲の人たちにも「九星気学風水」について話してきました。

すると、「占いができる薬剤師がいる」との評判が自然に口コミで広がり、いつの間にかいろいろな人を鑑定するようになり、副業で占い師をする流れになったわけです。

占い師になるために勉強したのではなく、薬剤師という自分のスキルを磨く上で学んだことから派生して占いという技になった。それが今となっては、ビジネスの武器として最大限に活用しています。

②占術は？

メイン：九星気学風水（命術）
命術：算命学・四柱推命・紫微斗数
相術：家相・顔相
卜術：易

③占い師歴は？

アマチュア時代である大学生の期間を含めると15年くらい。完全にプロとしてお金をいただくようになったのは２０１６年からで、４年くらいになります。

④占い師としての勤務時間は？

ウイークデイは本業である薬剤師の仕事があるので、平日の夜と土・日・祝日が占い師としての時間になりますが、時間帯はお客様に合わせながら調整しています。

月の勤務時間は、占い師としての時間のみをカウントすると、おおよそ15～20時間くらいかと思います。

⑤集客方法・集客ツールは？

完全に口コミだけです。こちらからはとくに情報を広げていません。

ツイッター、インスタグラム、Facebookに登録はしていますが、とくに意識して発信はしていません。

⑥お客様維持・リピーターにするための努力は？

とくにそういうことはやっていません。

「リピーターをつくる！」「お客様を維持しなければ！」という感覚はなく、ただお客様の笑顔や鑑定後の満足感を得られるよう、意識して鑑定を行なっています。結果、お客様に喜んでいただき、再度、鑑定をお願いされることもあるので、そういう方がリピーターになっているのかもしれません。

⑦鑑定時に気をつけていること、モットーは？

鑑定が終了して、「楽しかった」「面白かった」とお客様に思ってもらえるように接しています。少しでもお悩みを解決できたり、前向きになってくださることをモットーにしているので、鑑定が終わってお客様が笑顔で帰ってくれること、これを一番に気をつけています。

⑧鑑定時に困ったことは？

とくに困ったという経験はありません。副業だからかもしれませんが。

強いて言えば、お金を払わないお客様への対応です。鑑定を頼んだのにお金を払わない人への対応は、多くの占い師にとって「あるある」かもしれません。

⑨厄介なお客様への対処法は？

やはり鑑定料をお支払いしてくれないお客様ですね。

厄介なお客様ほど、タダで観て欲しいオーラを出してきますが、お金はエネルギーなので、お金を払わない人は、結果運がよくならない傾向になる、と経験上確信したので、「お金を払わない人の多くは、その後うまくいっていない状況になっていますが、いいのですか？」とお伝えしています。そう言うと、払う人とその場でやめる人の2パターンに分かれます。私はここでお客様を見分けています。

⑩占い師としてのやりがいは？

鑑定終了後、お客様が「楽しかった」「また会いたい」と言ってくださることです。お客様の笑顔がやはり最高だと思います。

私は、「悩み始めた瞬間から解決の道は決まっている」から、そのルートを微調整するのが占い師だと思っているので、お客様の中で解決の糸口が見つかったときには、こちらもすごくうれしくなります。

そして、もっと自分の未熟なところを見つけて勉強しようという励みになります。

占い師は、常に勉強することも大事ですが、対人鑑定をどんどんしたほうがいいと思います。鑑定の数をこなしていくことで、自分の占術、話術などがどんどん磨かれて洗練されていくと感じています。

⑪鑑定、講座体系（料金、時間）は？

・個人鑑定……8000円　時間無制限（2〜8時間）
・企業鑑定……1万円〜（会社の規模で決めています。企業鑑定は会社全体を観ていくので、規模が大きければ大きいほど値段も上がります）
・開運風水名刺セミナー
・九星気学風水基礎講座……1コマ3時間。10コマ1回8000円
・九星気学風水アドバンス講座
・姓名鑑定講座

⑫お客様は月に何人くらい？

最少1人から最多5人前後です。ゼロは経験したことがありません。

【山下祐世@九星氣学風水】

LINE 公式アカウント

ミカミ・ポーラ先生

日本全国でご活躍されている、私もお世話になっている西洋占星術の先生です。

独自にサロンもお持ちで、出張鑑定・講座などで、各地にたくさんのファンがいらっしゃいます。

ミカミ・ポーラ先生へのインタビュー

①占い師になったきっかけは？

子供のころから不思議な話が好きで、家にあった占いの本などを読むうちに学校で友だちを占うようになりました。

でも成人してからは、オカルト関係とは長らく距離を置いていました。

再び占いに興味を持ってまもなく、東日本大震災があって東京を離れることになり、「居住地に縛られず、定年がなく、環境に優しい仕事はないか」と考えて占い師になりました。当時は体が弱かったので、ベッドの上でチャット鑑定からスタートしました。

②占術は？

タロットで占い師デビューしましたが、ある方の本で「プロの占い師は命・ト・相の3種をマスターすべき」と読み、手相、タロット、西洋占星術を学びました。

現在は占星術の講座がとくに人気があります。

③占い師歴は？

２０１１年9月からです。

④占い師としての勤務時間は？

週5日、1枠1時間、1日3～4コマです。

自宅での通話鑑定と講座、サロンでの鑑定と講座が中心で、受付時間は朝10時から夜22時まで。鑑定と鑑定の間は準備や移動のために1時間開けています。

隔週で西洋占星術のオンライングループ講座を主催していますが、このほかには曜日と時間が決まっている仕事はありません。

また年に何度かは、東京、大阪、名古屋、札幌といった大都市に鑑定と講座のために出かけます。出張は週末をはさむ日程で、多くの場合、講座は4時間前後、鑑定は5時間前後で計画しています。

出張中の会場は、鑑定、講座ともにレンタルスペースサイトで予約しています。以前は喫茶店などを利用していましたが、滞在時間と、パソコンやカードを広げるための卓上スペース、そしてプライバシーの面から、多少費用がかかっても個室を取るようにしました。

⑤集客方法・集客ツールは？

占い師を紹介している YouTuber の方の動画で取り上げていただいき、その動画を見た方がよくいらっしゃいます。ブログ経由の方も少なくありません。

更新頻度は低いのですが、ツイッターとインスタグラムを、私の生存確認を兼ねて利用しています。

⑥お客様維持・リピーターにするための努力は？

「占い師は医師と同じく、人の涙でお金をいただく職業。頻繁においでになることを願うべきではない」という言葉を肝に銘じて、リピーターをつくる仕掛けはとくにしていません。

健康診断のように年に数回、あるいは数年おきに、節目節目でお見えになる方はいらっしゃいます。

⑦鑑定時に気をつけていること、モットーは？

抽象的な話や曖昧な話はしないこと。なるべく一般論を言わないこと。自分の考えより占いの結果を優先してお伝えすること。1回の鑑定はなるべく1時間以内で終わらせること。

⑧鑑定時に困ったことは？

占いの館にいたころに訴訟問題を占って欲しいと頼まれたのですが、鑑定が終わっても次のお客様の後ろに同じ人がいて、とても驚きました。そのときは同僚の先生が間に入ってくださいましたが、後であちこちの占いの館で同じ相談を繰り返している人だと知りました。近くに同僚がいてくれて本当によかったと心から思いました。

電話占いの会社に所属していたときは、実際の鑑定内容とは違う話を、クレームとしてスタッフに伝えてきたお客様がいらっしゃいました。お客様とのやりとりを覚えていたのでスタッフの誤解は解けましたが、サポートセンターなどと違って通話が録音されていないことをこのとき初めて知りました。

ウェブカメラを利用したスカイプ鑑定の会社に所属していたときは、お試し枠で画面に股間を大写しにした男性が入ってきたこともありました。すぐスタッフにつなぎましたが、何人もの先生が被害に遭われたそうで、通り魔みたいだなと思いました。

独立してからは、「電話帳を見て連絡をした」と何度か電話をしてきた男性がいましたが、電話帳に番号を掲載していないのでとても不気味に思いました。

⑨厄介なお客様への対処法は？

ご相談をしっかり伺った上で、ご期待に沿えないことは正直にお伝えする。

予防策としては、完全予約制で鑑定依頼を受ける。鑑定料金は前払い。ショッピングサイトを通じて身元がはっきりしている方のみ、お受けする。セキュリティのしっかりした場所を利用する、などです。

⑩占い師としてのやりがいは？

私は霊感系ではなく分析系なので、経験と学習で目に見えて理解度や的中率が上がることにやりがいを感じます。駆け出しのころに出会ったお客様に、より具体的で精度の高い結果をお伝えできたことが、お客様の反応からよくわかりました。

面白かった、楽しかったとお客様が喜んでくださるのもうれしいことです。

⑪鑑定、講座体系（料金、時間）は？

・鑑定：1時間1万円（スカイプ鑑定も）
・講座：7万5000～9万円／全15回
・単発グループ講座：4000～5000円
・出張企画講座：9000～1万2000円

⑫お客様は月に何人くらい？

月によってバラツキがありますが、年平均では1ヵ月60コマ前後ではないかと思います。

【ポーラ先生のウェブサイト】

https://uranaisu.thebase.in/

恋愛チャネラー・Rie先生

恋愛に特化して大活躍されているスピリチュアル系の占い師さんです。メール鑑定が人気で日本全国にお客様がいらっしゃいます。

フリーランス型でもあり、占い会社にも所属されています。

Rie先生へのインタビュー

①占い師になったきっかけは？

私自身が恋愛にすごく悩んだことで、占いジプシーになりました。

占いのしすぎでお金がなくなっていく中で、「だったら自分で占えば無料じゃないか！」と思い、占いを習い始めました。当時大好きだった先生がタロットをされていたので、タロット占いを習いました。

習っていたころの私の占いは、よく当たると評判がよかったのですが、思わぬことが起きてしまいました。「あと数年で辞めて欲しい」と、当時いた会社からリストラを宣言されてしまったのです。そこで趣味ではなく仕事として、副業で占いを始めることになったのです。

②占術は？

タロット占い、チャネリング、ハイヤーセルフリーディング、アカシックレコード、ハンドスキャンヒーリング、5次元ヒーリングなどです。

③占い師歴は？

最初はタロットから始まり8年間占いを習って、時代とともに自分の占いのスタイルをさぐりながら、無料で少ないときで月に30人、多いときで60人近く観ていました。その後、習うのをやめて2ヵ月で、副業として鑑定料３００円からスタートしました。

④占い師としての勤務時間は？

メルマガを書いたり、YouTubeを撮影したりという時間も含めて1日6時間くらいなので、おおよそ月１２０時間くらいだと思います。

⑤集客方法・集客ツールは？

アメブロで集客して、その後メルマガ、LINE公式アカウントでリピーターさんになっていただけるように、恋愛スピリチュアルの情報を届けています。言葉の発信力はとても大事で、私のブログタイトルの「努力しないで愛される」という言葉は強い言葉なので、アメブロやグーグルで検索しやすく、集客も期待することができます。

もちろん、その言葉と同じくらいの占いを提供できることが前提の話です。占いの質やお客様に提供するものを磨いた上で、それでも集客できなかったら、発信力を意識してみるのはいい方法だと思います。

また、アメブロでは私の理想のお客様像であるペルソナを意識して、「こんなお客様に来て欲しい」と考えながら文章を工夫しています。メルマガやLINE公式アカウントではわかりやすく書いてはいますが、占い師としては、本気で恋愛セッションにお金をかけてくださる方に来ていただきたいので、少し専門用語も使っています。そうした態勢を取ることによって、少しだけ「顧客層のふるい分け」ができていると思っています。

⑥お客様維持・リピーターにするための努力は？

常に顧客志向を意識しています。定期的にアンケートを取ってお客様の反応を見たり、お客様が悩んでいることから逆算してセッションをつくっています。

これは占い師を始めたころからやっていることで、占い師になった初期のころは、無料の鑑定もしばらく続けて、より多くの方に質のよい占いを届けるために、悩みや相談のリサーチをしていました。そのリサーチ結果を集計して、占術やメニューのアイデアに活かしていました。

私はこうしたい！　という自分主体の伝え方ではなく、お客様が望んでいることを商品化することはとても大事です。

⑦鑑定時に気をつけていること、モットーは？

メールセッションでは、とくに言葉づかいに気をつけています。「誤解がない言い回しにすること」「お客様のメンタルが下がるような言い方はしない」など、お客様が斜めに読んだとしても、わかるような文章づくりを心がけています。

私の恋愛占いセッションのモットーは「何もしないで愛される」なので、読むのに努力が必要な文章ではなく、こちらが努力して読みやすいものを提供することは、とても大事だと思っています。

彼とうまくいかない方へのメッセージも、お客様を気づかうにしても、嘘は言わないこと。ズバッと言うときには前後にいいことを盛り込むなど、気づかいは意識しています。

⑧鑑定時に困ったことは？

お客様に、私の言葉が伝わりにくいなあと思うときです。ですが、それは私の精進が足りないためと思い直して、何度も言い回しを変えて、伝えるようにしています。

大事なことは、お客様の気持ちが〝上がる〟ような言葉づかいです。悩み相談に来ている方は心が元気ではない状態なので、少しでも気が楽になって、そして気持ちが上がるような言い回しに気をつけています。

⑨厄介なお客様への対処法は？

厄介なお客様は、価格を上げることでなくしました。現在もある程度のお値段で鑑定させていただいているので、厄介なお客様はいらっしゃいません。

⑩占い師としてのやりがいは？

お客様によってまったく違います。誰にも言えないような悩み、誰にも言えないような恋愛を、私に相談してくださることをとてもうれしく思います。

⑪鑑定、講座体系（料金、時間）は？

メールセッションは、平均価格９８００円がメイン。

他にもメニューがありますが、仕事で忙しい方が多いので、いつでも送れるメールは人気メニューです。

講座は、「恋愛チャネリングオンライン３ヵ月講座」（３ヵ月間で恋愛チャネリングをマスターできる講座）を開講予定で、29万８０００円です。

⑫お客様は月に何人くらい？

延べ人数で約１１０名です。

【恋愛チャネラーＲｉｅ先生 Web サイト】

https://ameblo.jp/koremiturie/entry-12509460604.html

アメブロです。

ターゲット層、ペルソナによって集客ツールは変えています。

あとがき

このたびは本書をお読みいただき、本当にありがとうございました。

この本を手に取った方の中には、挫折を経験し、人生を変えたいという方もいらっしゃるかもしれません。私はそんな方を心から応援します。なぜなら、それはまさしく以前の私自身だからです。そういった方こそ、占い師に向いていると確信しています。

もしかしたら、本書によってあなたが持っていた、今までの占い師のイメージが変わったかもしれません。

「愚者は占いに振り回され、賢者は占いを活用する」という中国の諺があるように、特別な能力がなくてもきちんと勉強をすれば、誰でも占い師になれますし、占い師になって人生が好転した人を私はたくさん見てきました。

「占い師＝怪しい」が、「占い師＝楽しい、癒される」というイメージになったらいいなと本気で思っています。現にそうなりつつあると信じています。

今、いろいろなスタイルの占い師の方がいらっしゃるので、あなたの好きなスタイルの占い師を目指してください。例えば、ポップで気軽に相談できるポジティブな占い師だったり、ちょっと魅惑的な霊感系の占い師だったり、コンサル系のビジネス寄りの占い師だったり……いろいろなスタイルがあると思います。

ただ、忘れてはいけないのが、言葉は言霊《ことだま》だということ。発した言葉はエネルギーとして、人から人へ伝わっていきます。そのポジティブなエネルギーが人の波動を高めます。そして、幸せな人は高い波動を持っているのです。

占い師を目指すあなたは、このことをよく念頭に置いてくださいね。

もちろん、この本の内容が占い師への道のすべてではありません。あくまでも参考にして、あなたのオリジナルの占い師スタイルを確立していただければ幸いです。

何度も繰り返しお伝えしてきましたが、占い師は人の悩みを軽くし、人を幸せへと導く仕事です。「感謝されて収入が上がる占い師」になって、ひとりでも多くの人をハッピーな人生に導いていただきたいと切に願います。

でも、決して無理はしないでくださいね。まずは占いで自分を幸せにし、そのエネルギーを多くの人たちに分け与えてください。これを鉄則にしてください。

自分が信じた道、占い師になると決めたら、最初は思いどおりにいかないかもしれませんが、自分を信じてやり抜いて欲しいのです。

才能とやり抜く力は違います。占い師としての才能があるのに、最後まで自分で決めたことをやり抜けない人もたくさんいます。むしろ、才能とやり抜く力は、反比例することも多いのです。

失敗は成功のもと、もしあなたに挫折の経験があったとしても、それを人生の糧に、ぜひ占い師として成功の道を切り開いていただけたらと思います。

そして、この本をご縁にたくさんの方々とつながりができれば幸いです。

最後のページに、集客方法やお客様維持の参考になればと思い、私のLINE公式アカウント、インスタグラムのアカウントURLを載せました。また、占いを動画や記事で気軽に学べる場をオンラインアカデミーとして設営していますので、こちらも占いの勉強、運気アップのために利用していただければ幸いです。

これからは縦よりも横のつながりが大事になっていく世の中です。私も様々なご縁に感謝しています。

この本を出版するまでには多くの方たちに支えられ、応援していただきました。

たくさんのアドバイスをくださった九州出版会議運営メンバーの方々。文章が下手な私にいろいろアドバイスしてくださり、添削してくださった大川泰史さん。企画書を作成するときに行き詰まった私を支えてくださった津留崎倫子さん。いつも陰で支えてくれている家族。私の鑑定を受けてくださり、応援してくださっているお客様。そして、この本を世に送り出してくださった古市編集長。

皆様のおかげで今の私があります。

本当に本当に、ありがとうございました。

西　彰子

占いに関する私のアカウントURL

LINE 公式アカウント（Feliceacco）
日々の開運情報や商品の告知を配信しています。
http://nav.cx/fokcqnT

インスタグラム
ターゲットのお客様に、ためになる投稿を心がけています。
https://www.instagram.com/feliceacco/

占いオンラインアカデミー
Acco Fortune-telling academy
占いや運気アップ方法が、動画や記事で学べます。
https://feliceacco.com/feliceacco/archives/1669

著者略歴

西　彰子（占い師 Acco）

福岡に基盤を置く、今までの占い師とはちょっと違った和洋折衷の占い師。


大学卒業後、某自動車販売会社で営業職として勤務。8年半勤め、その間、高実績を上げ、様々な優秀賞を受賞。一方、その反動で、人間関係からくるストレスによる病にかかり、やむなく退社。

その後、人間関係の悩みを抱えているのは自分だけではないと気づく。そして自らの経験から「人のストレスを和らげるような仕事をしたい」と一念発起。占い、心理学、アロマやエステなど人を癒す、ありとあらゆる手法を学ぶ。

2015年10月に個性心理學®認定講師・認定カウンセラーの資格を取得。その他様々な占術を学び、鑑定で取り入れているのは、九星気学風水、易、顔相、西洋占星術などなど。

今まで2000人以上の鑑定実績があり、その人の本質を見抜きながら、未来の人生について指針を観ることを得意とする。現在、「すべて上手くいく」の心をモットーに新しい占いの形を提供している。

占いを使った恋愛塾や占い合コン、占い教室を開催。ビジネス分野では、社長秘書業務をしながら、企業の人事コンサルタントも経験。現在は占い講座で占い師を育成し、占いを動画や記事で学べる占いオンラインサロンでは、占い好きが集まる場を提供している。


毎月7万円！　普通の人が副業で「占い師」になる法

2020年 6 月 6 日　初版発行
2021年11月30日　2刷発行

著　者 —— 西　彰子

発行者 —— 中島　治久

発行所 —— 同文舘出版株式会社
東京都千代田区神田神保町 1-41　〒101-0051
電話　営業 03（3294）1801　編集 03（3294）1802
振替 00100-8-42935　http://www.dobunkan.co.jp

ISBN978-4-495-54060-9
印刷／製本：萩原印刷
Printed in Japan 2020